U0921772

YINGKE
盈科律师事务所
YINGKE LAW FIRM

『律师说法』案例集（2）

韩英伟 主编

LVSHISHUOFA ANLIJI

图书在版编目（CIP）数据

“律师说法”案例集. 2 / 韩英伟主编. - - 北京 : 中国商务出版社, 2021.6

ISBN 978 - 7 - 5103 - 3768 - 0

Ⅰ. ①律… Ⅱ. ①韩… Ⅲ. ①案例 - 汇编 - 中国 Ⅳ. ①D920.5

中国版本图书馆 CIP 数据核字（2021）第 059563 号

“律师说法”案例集（2）

LVSHI SHUOFA ANLIJI（2）

韩英伟　主编

出　　版： 中国商务出版社

地　　址： 北京市东城区安定门外大街东后巷 28 号　邮编：100710

责任部门： 职业教育事业部（010 - 64218072　295402859@ qq. com）

责任编辑： 陈红雷

总 发 行： 中国商务出版社发行部（010 - 64208388　64515150）

网　　址： http：//www. cctpress. com

邮　　箱： cctp@ cctpress. com

排　　版： 墨知缘

印　　刷： 北京荣泰印刷有限公司

开　　本： 710 毫米 ×1000 毫米　1/16

印　　张： 16　　**字　　数：** 210 千字

版　　次： 2021 年 6 月第 1 版　　**印　　次：** 2021 年 6 月第 1 次印刷

书　　号： ISBN 978 - 7 - 5103 - 3768 - 0

定　　价： 58.00 元

编委会

策　　划： 郝惠珍

主　　编： 韩英伟

执行主编： 袁方臣　娄　静

副 主 编： 宋庆珍　曹彤龙　庞敬涛

钟　强　高　庆　刘会民

编　　者（按姓氏拼音首字母排序）：

安思霖　白小雨　高晓禾　耿　珂

侯蒙莎　康文平　李　韬　刘　敏

曲衍桥　汤学丽　杨诚远　张　鹏

张其元　张印富　张　颖　赵爱梅

前　言 PREFACE

向建党一百周年献礼

“盈科律师一日一法”创办于2019年、走过了2020年、迎来了2021年，在喜迎建党100周年之际，这本带着温度、温情、温暖的普法成果，这本体现着法治精神和法治内涵、记载着法治建设历程的《“律师说法”案例集（2）》即将出版。

2019年是中华人民共和国成立70周年，律师制度恢复40周年。为了全面落实党的十八届四中全会提出的普法要求，用法治宣传的方式化解社会矛盾、维护社会稳定、推动法治社会的发展，我们创办了“盈科律师一日一法”公众号，并于2020年12月出版了《“律师说法”案例集（1）》。

2021年，是中国共产党建党100周年，《“律师说法”案例集（2）》以它独特的视角和严谨的态度，作为“献礼篇”隆重被推出。

实践证明：一个案例，就是一堂法治课，它传播了法律和推理，帮助公众接受法治理念，理解法律精神。实体和程序维度的司法公正，对于全面树立法治权威、增强法治信仰、推动法治建设有着重大意义。

“盈科律师一日一法”用以案说法的形式，在法官、公诉人、律师和当事人之间架起了一座沟通理解的桥梁。律师从案件事实、办案程序、争议焦点、法律适用、社会警示的角度出发，作出解析，阐明法、理、情，从而增进公众对司法裁判的理解，自觉执行生效的法律裁决。

“盈科律师一日一法”案例的采集和编写，充分体现了律师的专业和无私奉献的精神，这些律师用专业的法治素养、深厚的法学功底、严谨的逻辑思维、丰富的实践经验，在案例的选取上突出了典型性、时代性、新颖性和群众性。他们通过自己承办的案件、身边人遇到的事和社会热点问题、群众较为关注的案例，采用题目吸引人、内容接地气、分析解读言简意赅、一案一释法的形式，为公众作出了正面的引导和反面的警示。

“盈科律师一日一法”经过三年的培育和打造，已经成为一个品牌，盈科每日推送的案例被《今日头条》等众多媒体广为传播，获得了公众的广泛认可，其影响力、感染力起到了“弘扬法治精神、传播法律知识”的目的。“盈科律师一日一法”也成为百姓学法用法的良师益友。

第二部案例集选自“盈科律师一日一法”从 2020 年 5 月 1 日至 2021 年 1 月 1 日刊发的 105 个案例，内容涉及民法、刑法、公司法、劳动合同法和行政法五个部分。此书的出版之时正值《民法典》实施之际，为了更好地实现原民事法律规定与《民法典》的衔接，我们特别在第一部分民事法案例的后面备注了《民法典》的相关条文，相信通过阅读此书对于学习《民法典》一定会有所帮助。

在这里我代表编委会成员向提供案例的律师、关注此书的同仁、阅读此书的读者表示最衷心的感谢！

百年历史、百年沧桑、百年巨变。时间回荡着历史之音，时间也刻写下前进足印。从历史深处奔涌而来，向民族复兴澎湃而去，新时代的改革开放，激情永在、境界常新，这一切都离不开法治的保障。在党和国家发展的宏伟蓝图中，盈科人要做伟大事业的建设者、文明风尚的倡导者和敢于追梦的奋斗者。在此，我们愿以《“律师说法”案例集（2）》作为建党 100 周年献礼篇，献上盈科人对中国共产党深深的爱，我们要继续砥砺前行，用责任担当和专业能力为中华大地的美好明天而奋斗。

再次祝贺《律师说法案例集（2）》的出版，也期待第三、四部的问世。我隆重推荐这本书，也希望你能喜欢。

中华全国律师协会女律师协会副会长兼秘书长
北京市盈科律师事务所创始人 **郝惠珍律师**

2021 年 3 月 20 日于北京

目　录 CONTENTS

第一部分　民事法

第二部分 刑事法

第三部分　公司法

第四部分　劳动合同法

第五部分　行政法

第一部分　民事法

1. 父母购房登记在子女名下，是否视为赠与？

□ 张印富

【案情简介】

甲某与乙某于 1986 年登记结婚，育一儿子取名丙某。2009 年，甲某和乙某在民政部门协议离婚，协议内容："……，二、平房一处，归甲某所有，坐落于某巷 52 号。……"后双方就该协议第二条所涉房屋权属发生争议。

甲某起诉至法院称：该房系甲某、乙某在婚姻存续期间 2000 年共同建造，夫妻二人将房屋所有权人登记为丙某。建房时丙某尚未成年，没有建房能力。离婚协议书约定该房由甲某所有，故诉至法院，请求依法确认 52 号房归原告甲某所有。

被告丙某辩称：该房是 1996 年以我的名义申请建房，2005 年颁发房产证书时登记在我的名下，属于赠与行为。赠与合同中的受赠人并不要求有资金投入，也不要求具有完全民事行为能力。2005 年产权登记到我名下时，财产权利已发生转移。甲某无权撤销赠与，2009 年离婚协议无权处分第三人财产。甲某背弃赠与承诺，依法不应支持。

乙某称：2000 年建房时丙某已 16 岁，当时是我和甲某商量决定赠与丙某的，不属于夫妻共同财产。2005 年丙某通过登记，取得获赠房屋的所有权。甲某和乙某没有权利通过婚姻协议处分他人的财产。

【判决结果】

1. 一审法院判决 52 号房归原告甲某所有。丙某不服提起上诉。

2. 二审法院裁定撤销一审法院民事判决；驳回甲某的起诉。甲某不服，申请再审。

3. 再审法院判决撤销二审法院（2012）承民终字第916号民事裁定；维持一审法院（2011）丰民初字第4906号民事判决。争议房屋归原告甲某所有。

【律师解读】

案涉52号房系甲某与乙某在夫妻关系存续期间共同投资所建，属于夫妻共同财产。离婚协议中双方认可该房系夫妻共同财产并加以处分，说明甲某和乙某协议时并不认可赠与法律关系的存在。该协议系双方当事人的真实意思表示，合法有效，甲某和乙某应按协议内容全面履行约定义务，甲某据此取得该房的所有权。争议房虽然登记在丙某名下，但根据日常生活经验法则，夫妻共有的房屋登记在子女名下并不能当然或简单地认定就是赠与。丙某未提供其他有效证据证明其父母有赠与的明确意思表示和具体行为。故丙某主张其是通过接受赠与取得争议房所有权，缺乏事实和法律依据。

一、不动产登记在权属和内容认定上具有权利推定力，但本质上是对证明责任的分配，与实体权利的归属并不直接相关，登记本身不产生物权

我国《物权法》采用以债权形式主义为主、兼采债权意思主义的物权变动模式，不动产物权变动的原因（合同）与不动产物权变动的结果（物权登记）是两个不同的法律事实。《物权法》第三十三条（《民法典》第二百三十四条）规定：“因物权的归属、内容发生争议的，利害关系人可以请求确认权利。”最高法院《关于当前民事审判工作中的若干具体问题》第二条强调：不动产物权变动是法律行为及其他法律事实的产物，不是登记机关登记行为的产物，不动产物权登记是不动产物权变动的“要件”而非“原因”。对发生争议的不动产物权归属的最终判断，不能唯登记论，应当依赖于对物权变动原因的法律事实的审查。根据上述规定，笔者认为，不动产权属证书上记载的物权状况是拟制的法律推定，不排除与真实的权利状况不一致，即不动产权属证书仅具有推定的证据效力，而非绝对的证据效力。对于产权归属，不应拘泥于既有登记的限制，应当通过审查基础民事法律关系而确定权利归属或事实状态。上述案例中丙某认为房产登记其名下就是父母对其进行了赠与，是对权利状态的误读。

二、不动产登记对不特定第三人具有公示效果，但对于内部关系产权归属及内容存在的争议，并不能当然地得出结论

不动产登记对于因信赖不动产登记簿记载的物权状态而与登记物权人交易的第三人，只要该第三人满足善意取得的条件，即使事后真实物权人证明不动产登记薄记载与真实物权状况不一致，该第三人仍可取得该不动产物权，不动产登记具有物权公示效果。但对于内部关系人，即登记物权人与真实物权人存在登记“名实不符”发生的争议，真实物权人可以通过不动产确权诉讼等主张权利，法院应当依据不动产物权变动的基础法律关系来确认物权的归属。最高法院（2017）最高法民申3404号裁判观点亦认为“《物权法》第十七条（《民法典》第二百一十七条）规定，不动产权属证书是权利人享有该不动产物权的证明，一般情况下，登记权利人即推定为实际权利人，但有证据证明购房款实际出资人不是登记权利人时，亦要根据实际出资情况确定房屋的归属”。

三、认定房产归属，需要厘清各方当事人承担的举证责任

父母购房登记在未成年子女名下，在没有证据证明双方存在或不存在赠与关系的情形下，即不能笼而统之地认定存在或不存在赠与关系，需要双方依据法律规定承担各自的举证责任。根据《民事诉讼法》第六十四条规定，当事人对自己提出的主张，有责任提供证据。举证不能的，承担不利的法律后果。

一方面，父母主张自己是真实物权人，应证明自己是引起物权变动的买卖合同购房人、实际出资人；登记人不是实际购房人、出资人。《物权法解释（一）》第二条规定“当事人有证据证明不动产登记簿的记载与真实权利人状态不符、其为该不动产物权的真实权利人，请求确认其享有物权的，应予支持”。引起物权变动的原因行为是买卖合同，未成年子女属无劳动能力的限制民事行为能力人，这是众所周知的事实。根据《民事诉讼法解释》第九十三条规定“……（二）众所周知的事实；……（四）根据已知的事实和日常生活经验法则推定出的另一事实”，无需举证证明。

父母出资购房有出资票据，未成年子女无收入来源，自然不是购房出资人，父母即完成了“有证据证明不动产登记簿的记载与真实权利人状态不符”之举证责任。请求确认享有物权的，有事实和法律依据。

另一方面，子女主张房产登记在自己名下，是父母赠与。《合同法》第一百八十五条（《民法典》第六百五十七条）规定：“赠与合同是赠与人将自己的财产无偿给予受赠人，受赠人表示接受赠与的合同。”赠与是一种合意，属于双方法律行为。如果父母否认赠与，则赠与关系不成立。登记人主张不成立，其承担赠与合同不成立的法律后果。

上述案例中，争议房虽然登记在丙某名下，但根据日常生活经验法则，父母建造的房屋登记在子女名下并不能当然或简单地认定就是赠与，丙某未提供有效证据证明其父母有赠与的明确意思表示和具体行为，承担不利的后果。即在父母没有赠与的明确意思表示的情形下，不能强制认定存在赠与。

2. 职务侵占退赔后，是否承担损害赔偿？

□ 刘　敏

【案情简介】

孟某某自2007年至2016年在北京某四家公司（以下简称四公司）负责财务和采购工作，后四公司发现孟某某存在职务侵占行为，给公司造成了巨大的经济损失，故向公安局报案。公安局委托会计师事务所对孟某某、四公司及相关人员的银行流水、公司财务账簿等进行了鉴定，最终法院依据该司法鉴定意见的内容，认定孟某某构成职务侵占罪，责令其退赔四公司6088万余元。刑事判决中退赔金额执行完毕后，四公司又以财产损害赔偿纠纷为由将孟某某及其父亲、妻子告上法庭，要求法院判决孟某某及其父亲连带赔偿损失7070万余元；孟某某妻子赔偿损失400万余元。

【判决结果】

驳回原告四公司的全部诉讼请求。

【律师解读】

本案民事部分的案由为财产损害赔偿纠纷，原告称其主张赔偿的损失均系刑事判决中未认定为侵占金额的款项，主要包括孟某某及其家人账户、孟某某实际控制的其他个人账户的取现款项、消费款项、转入第三方或者无对手信息账户的款项。

从举证责任角度来说，原告应对损害行为、过错、损害结果、损害行为与损害结果之间的因果关系承担相应的举证责任。相对于被告而言，原告在本案中应承担主要的举证责任。本案中，原告提交的证据只有刑事案件中的司法鉴定意见书和刑事一审判决，根本不足以证明上述四个方面的事项，法院驳回其全部诉求，也是其应当承担的举证不能的后果。

另外，笔者作为被告的委托人，也向法院积极证明原告主张赔偿的款项不是其损失，该部分款项的支出、使用均系孟某某根据四公司原告的实际控制人张某某的指示和要求作出，具体有以下几个方面：一是取现的款项大部分交给了原告四公司的实际控制人张某某；二是转账给第三方的款项支付了公司的相关经营费用；三是涉案账户中除公司账外资金外，还包括孟某某及相关人员的个人财产，在账户款项已经完全混同且孟某某及相关人员存在个人消费的情况下，原告主张支出或取现款项属于其损失，应当对损失逐一举证。笔者在本案中提交的证据包括孟某某手写的记账本（内含银行业务相关凭证、实际控制人张某某签字审批的支出凭单、现金收取记录），公司实际控制人张某某签署的备忘录、银行账户款项支出记录、情况说明，刑事案件中调取的银行账户明细（可证明大部分取现款项的来源和去向）、原告四公司出具的孟某某合法收入证明、孟某某与公司实际控制人张某某及财务人员的电子邮件截图，刑事二审裁定等。

最重要的是，笔者发现原告四公司实际控制人张某某承认自用的银行账户收到了孟某某账户净转入的5386万余元款项，收到张某某哥哥的账户（原告主张该账户由孟某某实际控制，并主张该账户支出的款项属于其损失）净转入的2300万元，于是将相应的转账明细提交给了法院。法官得知上述转账事实后，随即询问原告：由孟某某账户直接转入或间接转入实际控制人张某某自用账户的款项，原告是否认为是侵占，是否还追究。原告称张某某是公司实际控制人，不认为是侵占，亦可在孟某某损害公司财产的金额中予以扣除。笔者认为，这一点在一定程度上加强了法官关于原告主张损失不成立的内心确信。

综上，在职务侵占类案件中，刑事判决从疑罪从无、有利于被告人原则出发，对于无证据证明或者证据不足以证明构成侵占的款项，不会认定为侵占金额，那么被害人有权就刑事判决未认定为侵占的部分可通过民事诉讼继续主张赔偿。但如果以财产损害赔偿纠纷作为案由，那么刑事案件的被害人在民事诉讼中需要承担主要的举证责任，举证是否充分直接关系到案件结果。

3. bilibili诉dilidili侵害注册商标专用权，为何获赔经济损失300万元？

□ 汤学丽

【案情简介】

上海某数码科技有限公司系哔哩哔哩弹幕网www. bilibili. com（简称B站）的主办单位，其经授权，有权独占使用第11356033号、第15362394号、第11356069号、第19068427号"BILIBILI"商标。

原告诉称被告福州市嘀哩科技有限公司（简称嘀哩公司）、福州羁绊网络有限公司（简称羁绊公司）、福建某无双投资集团有限公司（简称某无双公司）是www. dilidili. wang（简称D站）的共同经营者，三被告在D

站、D站的手机应用程序和羁绊网等多处恶意使用与原告注册商标高度近似的标识“dilidili”，意图造成广大网络用户的混淆、误认，系商标侵权行为。

被告嘀哩公司辩称：三被告之间存在合作关系，但并不存在共同经营的情况。并且其有权使用包含“dilidili”的商业标识，未侵害涉案注册商标专用权。被告羁绊公司、某无双公司共同辩称三被告之间不存在共同经营关系，且被控侵权标识与涉案商标不构成相似。

法院经审理认定，被控侵权网站、手机程序及涉案微博由三被告共同经营，且三被告实施了侵害涉案注册商标专用权的行为。

【判决结果】

1. 三被告立即停止侵害注册商标专用权的行为。
2. 三被告在其经营的两个微博上刊登声明，消除影响。
3. 三被告共同赔偿原告经济损失300万。
4. 三被告共同赔偿原告合理费用11万元。

【律师解读】

本案的争议焦点在于三被告是否实施了侵害涉案注册商标专用权的行为。

首先，三被告之间确实存在实质性的共同经营关系。

认定三被告实质性共同经营关系的关键在于三被告之间人员、运营之间出现了严重混同。

第一，温某是羁绊公司与某无双公司的法定代表人和股东，该两公司系关联公司。

第二，温某虽曾是嘀哩公司的股东，但其担任法人的某无双公司为嘀哩公司股东。

第三，羁绊网与嘀哩公司的微博间具有承继和备用关系，其所做的宣传、运营均是为D站进行服务。

因而，在结合三被告成立后的股东及投资关系情况，以及三被告在D站、羁绊网与“嘀哩嘀哩”手机软件、新浪微博运营中的各自具体行为等客观事实，可认定三被告对上述平台有共同经营关系。

其次，三被告实施了侵害原告商标专用权的行为。

第一，原告为上述4个商标独占使用权人，有权使用上述注册商标，且经过原告的使用、宣传和推广，具有一定的显著性和知名度。

第二，经过法院的对比分析，三被告所提供的业务与第15362394号、第19068427号、第11356069号商标核定的商品或服务项目相同。

第三，三被告在共同经营的平台上使用“D嘀哩DILIDILI嘀哩”和“DILIDILI”等标识，这与原告涉案“BILIBILI”商标相比，在拼音部分仅存在“B”和“D”字母的区别，其余字母及组合方式均相同，在整体外观上构成近似，且两者的读音分别为哔哩哔哩和嘀哩嘀哩，相似的叠音亦容易导致产生混淆，故两者构成近似。

最后，商标的首要功能在于区分商品和服务的来源。

本案中，由于涉案商标知名度较高，容易使相关公众在视听接触中对被控侵权标识和原告的商标产生混淆误认，进而对D站的运营主体产生误认或者认为该网站与原告之间有特定的联系。并且客观上，确已有公众对B站和D站的关系产生混淆，认为D站是B站的小号，与B站存在特定的联系。

法院经审理认为三被告使用上述侵权标识的行为侵害了第11356069、15362394、19068427号注册商标专用权，应承担停止侵害、消除影响、赔偿损失等民事责任。

4. 对工程结算财政评审结论有异议，可以申请造价鉴定吗？

□ 罗玉荣

【案情简介】

2010年4月，大连市某建设工程邀请施工招标文件载明：一、投标须知前附表（一）第4条合同价款约定方式：工程造价执行2008年辽宁省建设工程定额，材料价格以当期大连市网刊价格开发区部分或甲方指定的价格为准结算。审定的最终结算值乘以（1－中标下浮率）。第8条资金来源：自筹资金，投资额约为15000万元。第11条投标报价方式：下浮率。二、投标须知前附表（三）第20条工程款支付方式：结算款：工程全部完工后，支付合同价款的70%；竣工验收合格后且结算价款报送相关部门审核完成后，支付至审定值（下浮后）的95%。保修金：审定值下浮后的5%作为质量保修金。2010年5月8日，大连某建筑公司建设工程投标函载明：经踏勘项目现场和研究上述招标文件的投标须知及其他有关文件后，我方愿按照审定的最终结算价款，在此基础上下浮3.5%的投标报价。

2010年6月5日，大连某建设集团（以下简称发包人或被告）与大连某建筑公司（以下简称承包人或原告）签订《建设工程施工合同》，约定工程内容：大连某建设集团将通过招投标的大连开发区×号小区保障性住房项目一标段1#、2#、3#、4#、9#、10#、11#楼工程，发包给大连某建筑公司施工，承包范围为土建主体、给排水、暖通、电气及配套设施等施工图纸包含的全部内容。合同价款：合同总价（大写）：柒仟万元整（暂定值，最终以审定值下浮3.5%为准）。资金来源：发包方自筹。合同第30条约定，合同价款的方式为可调价格合同。

工程竣工后，承包人向发包人递交了工程竣工结算资料。2018年6月22日，被告向原告出具《关于小区保障性住房项目结算相关事宜的函》，载明：贵公司承建的×号小区保障性住房项目一二标段项目竣工后，贵公司将工程结算审核材料通过我公司上报给财政局进行审核，经财政局委托第三方审核后审定值为170 348 800元。承包人收到财政局审核结果后，对该结果提出异议，沟通无果后于2018年8月1日向法院提起诉讼。

本案在审理过程中，原告（承包人）申请对工程施工中产生的人工费、材料费、安全文明施工措施费等9项工程内容与被告审定的上述项目的差价进行鉴定。鉴定机构于2019年12月30日出具《工程造价鉴定意见书》。鉴定意见为上述差价总计19 892 786元。

被告（发包人）认为：应以财政审核的工程价款为依据，而不应该以司法鉴定的工程价款为依据。理由是：1. 合同约定工程价款的结算方式为财政审核。《招标文件》约定工程价款结算方式为：审定的最终结算值乘以（1－中标下浮率）。《建设工程施工合同》第三部分专用条款第32.2条关于工程款的支付约定为：按照已完工工程进度的70%支付进度款，竣工验收合格后且结算价款报送相关部门审核完成后，支付至审定值（下浮后）的95%，审定值（下浮后）5%作为质量保修金。2. 原告（承包人）在签订合同及履行合同过程中，均认可以财政审核作为工程价款的结算依据。第一，承包人在招标时的《投标函》中承诺：我方愿按照审定的最终价款，在此基础上下浮3.5%的投标报价；第二，承包人向开发区财政局报送了相关的结算数，表明其认可财政局作为工程价款的审核部门；第三，承包人对财政局的审核结果不满意，发包人向财政局请示后，财政局认为承包人的请求不合理，遂坚持财政审核结果。

原告认为财政局审定值存在漏项，在此之外司法鉴定意见应作为审定值的补充，司法鉴定意见弥补了审定结论中的漏项和错误，应予采信，主要包括：关于人工费，财政局委托出具的审核报告仅支持每日增加5元计算，而2011年1月28日，辽宁省住房和城乡建设厅再次下发《关于调整辽宁省建设工程计价定额人工日工资单价的通知》，载明：在2010年《关于调整2008年辽宁省建设工程计价定额人工日工资单价的通知》文件基础上，再调增8元/工日，具体调整方法如下：一、本次人工日工资单价调整，从文件发布之日起执行；关于材料差价，审核报告中审核原则是按照合同开工日期即2010年6月的辽宁工程造价信息网刊的价格及同期市场价格计算。招标文件中对材料价格确定为，“以当期大连市网刊价格开发区部分或甲方指定的价格为准结算”。《建设工程施工合同》第31.1条亦约定，“材料及人工费价格执行施工期间大连市工程造价信息网价格，如网刊没有价格按市场综合价确定”。鉴定意见是按照招标文件和施工合同约定的施工当期的《大连工程造价信息网》和市场价格信息及现行有关规定确定的，因此，鉴定意见符合招标文件及合同约定，于法有据。

【判决结果】

被告向原告支付包括人工费、材料费等差价在内的工程款共计人民币20 542 720元。

【律师解读】

案涉工程虽然在合同中约定工程价款的结算方式为财政审核，但从诉讼的角度看，被告作为发包人向法庭提交的财政审核报告属于证据的范畴，其效力仍然需要从真实性、合法性、关联性及证明目的等角度加以认定。诉讼过程中原告不必然丧失否定财政评审结论并申请司法鉴定的权利。首先，根据《最高人民法院关于审理建设工程施工合同纠纷案件适用法律问题的解释（二）》第十三条规定，当事人在诉讼前共同委托有关机构、人员对建设工程造价出具咨询意见，诉讼中一方当事人不认可该咨询意见申请鉴定的，人民法院应予准许，但双方当事人明确表示受该咨询意见约束的除外。该司法解释的规定表明，即使是发承包人双方共同委托的造价咨询机构出具的咨询意见，对委托方而言也并非必然具有法律约束力，如果一方或双方对咨询意见有异议，仍有权申请鉴定。具体到本案，招标文件和施工合同约定的结算方式为财政审核，财政局委托第三方对案涉项目进行审核，并出具《结算审核报告》，比照上述司法解释规定的精神，一方当事人对诉讼前形成的建设工程造价结论有异议申请鉴定的，人民法院应予准许；从证据效力的角度分析，政府财政部门出具的审核报告亦不属于最高人民法院《关于适用＜中华人民共和国民事诉讼法＞的解释》第九十三条规定的具有法定证明效力的免证事实，因此，如果承包人对财政审核提出异议时，人民法院应对结算报告的真实性、合法性等进行实质审查。其次，当事人在招标文件及合同中事先约定愿受财政审核的约束，双方当事人一定暗含着审核结论具有充足且正确的依据、内容正确合理的前提条件，而本案原告认为审核报告与工程实际情况不符或与合同约定不符的情况下，如不准许异议人申请司法鉴定有违法律的公平原则。鉴定意见并没有全盘否定财政审核结论，而是认为根据司法鉴定意见对审定值存在漏项和瑕疵应予补正。司法鉴定意见根据辽宁省住房和城乡建设厅发布的文件、施工时辽宁工程造价信息网刊的价格及同期市场价计算调整差价符合政府文件相关规定及双方施工合同的约定，具有充分的事实依据和法律依据，因此，应当根据司法鉴定意见对诉争人工费、材料费等项的结算审核结果予以纠正。

5. 抱错孩子导致"错换人生四十年"，医院为何承担责任？

□ 朱庆良

【案情简介】

原告王某出生于1978年7月19日，其父母为案外人王某某、宋某某。案外人齐某出生于1978年7月19日，其父母为案外人齐某某、谭某某。1978年7月19日，案外人谭某某与宋某某在某市总医院某分院分娩期间，由于某市总医院某分院对两案外人所生婴儿在管护上存在过错，造成两案外人交叉抱错孩子。2017年，双方经鉴定，齐某某与王某累计亲子关系概率为99.99998201%；谭某某与王某累计亲子关系概率为99.99551689%。依据现资料和DNA分析结果，在不考虑多胞胎、近亲及外缘干扰的前提下，支持齐某某为王某的生物学父亲，支持谭某某为王某的生物学母亲。

2003年9月，某市总医院变更为中国AA大学附属第四医院。原告王某认为正是由于被告医务人员严重不负责任，导致其和亲生父母四十年未曾谋面，关系也只停留在血缘层面，见到其亲生父母时也已经是古稀老人，造成了人间莫大的悲剧。2018年，原告诉至某法院，认为被告医大四院应当赔偿精神损害抚慰金50万元。

【判决结果】

1. 被告中国AA大学附属第四医院赔偿原告王某精神损害抚慰金15万元。

2. 驳回原告王某的其他诉讼请求。

【律师解读】

一、本案距离案发时间已四十年，是否已过诉讼时效？

《民法总则》第一百八十八条（《民法典》第一百八十八条）规定“诉讼时效期间自权利人知道或者应当知道权利受到损害以及义务人之日起计算。法律另有规定的，依照其规定。但是自权利受到损害之日起超过二十年的，人民法院不予保护；有特殊情况的，人民法院可以根据权利人的申请决定延长”，结合本案，原告是在2017年通过DNA鉴定才得知被“抱错”，诉讼时效应当自其知道权利受到损害之日起计算。同时，根据社会生活经验法则，原告因不知权利受到伤害而无法主张权利，也应当属于本条第三款“特殊情况”之规定，即本案中权利的行使存在客观障碍，故人民法院可以根据权利人的申请决定延迟诉讼时效，因此本案不存在诉讼时效已过期限的问题。

二、本案医院是否存在过错？应如何承担责任？

父母对子女依法享有监护权、抚养权、教育的权利以及与此权利对应的义务，这种权利的基础一般是基于人类的血缘关系而来，属于与生俱来的权利。因此，本案中王某所主张的侵权应当属于对自己人格利益的权利，应当受到法律保护，具有法律依据。

根据《侵权责任法》第六条（《民法典》第一千一百六十五条）规定：“行为人因过错侵害他人民事权益，应当承担侵权责任。根据法律规定推定行为人有过错，行为人不能证明自己没有过错的，应当承担侵权责任。”本案中某市总医院某分院对案外人宋某某、谭某某的婴儿没有正确履行医疗管护义务，存在重大过错，直接导致宋某某与谭某某交叉抱错孩子，造成本案原告王某与其亲生父母齐某某、谭某某之间权利无法得到行使，王某某、宋某某便成为了原告“养父母”，四十多年未见面的亲生父母齐某某、谭某某也只是停留在血缘上的关系，使得王某脱离了亲生父母的监护，客观上给两个家庭的亲子关系均造成严重损害，导致原告精神遭受严重损害，被告对此应当承担侵权责任。

根据《最高人民法院关于确定民事侵权精神损害赔偿责任若干问题的解释》第二条“非法使被监护人脱离监护，导致亲子关系或者近亲属间的亲属关系遭受严重损害，监护人向人民法院起诉请求赔偿精神损害的，人民法院应当依法予以受理”，以及第八、九、十条之规定，本案中医院应当给予精神损害抚慰金，具体数额应结合医院的过错程度、当地的经济生活水平以及案件具体情况，法院酌情认定精神损害抚慰金的数额为 15 万元具有事实和法律依据。

6. 网络承诺，悬赏广告是否有效？

□ 张　鹏

【案情简介】

2016 年 2 月，某公司在其公众号举办“寻找美食达人”投票活动。活动报名时间为 2016 年 2 月 1 日至 2016 年 2 月 29 日，投票时间为 2016 年 2 月 1 日至 2016 年 3 月 15 日。报名方式为进入公众微信号的相关页面后，提交参赛者与美食的合影，投票方式则为添加关注“贵港新视界”的公众号，进入投票页面后即可对参赛者进行投票。活动不设评委，仅通过微信投票的方式决出最终名次。其中，第二名将获得 2000 元的现金大奖。同时，某公司公布的比赛须知及参赛细则还注明：1. 每个微信号每天最多只能为 30 名参赛者投票，且每个参赛者一票；2. 活动公平公开，拒绝一切刷票行为。投票系统不定期检测投票 IP，系统后台若发现恶意作弊刷票行为，主办方将无条件取消其参赛资格。

黄某作为参赛者参与了本次活动。投票时间截止时，黄某以 4408 票的总票数名列第四。后来，前三位参赛选手中有两人经某公司查证有刷票行为而被取消参赛资格，黄某顺势名列第二。活动结束后，黄某请求某公司兑现奖品，某公司则认为黄某存在刷票行为，并通过调取其后台数据，统计得出黄某所获的票数中，有 92.9% 是由贵港以外的 IP 地址投出。某公司质疑黄某是否能有这么多外地朋友为其投票，且活动期间黄某给其微信公众号吸引过来的很多都是“僵尸粉”，从而拒绝兑现奖品。双方争执不下，黄某遂起诉至法院。

【判决结果】

被告某公司支付原告奖金 2000 元。

【律师解读】

某公司在其公众号发布举办“寻找美食达人”投票活动的消息，承诺对活动优胜者给予奖励，系向不特定人发出的要约。参赛者按某公司要求提交了本人与美食的合照，报名参加本次活动，系其对某公司要约作出的承诺。特定参赛者在活动中获得相应的名次，其与某公司的合同生效。某公司依约负有向该参赛者给付相应名次奖励的义务。结合该公司公布的比赛须知及参赛细则，活动仅对每个微信号每天最多可以投票的数量及每次为一名参赛者投票的数量作出限制，但是对于外地 IP 地址的投票票数或投票比例未作任何的限制。比赛须知及参赛细则亦没有注明刷票行为认定的相关标准。按照该公司在本次活动发起时的承诺，票数为第二名的参赛者可以获得2000元的现金大奖。

悬赏广告是指以广告的方式公开表示对于完成一定行为的人给予报酬的意思表示。本案中，某公司在其公众号发布举办“寻找美食达人”投票活动的消息，承诺对活动优胜者给予奖励，黄某作为该活动的参与者，完成了“寻找美食达人”活动中指定的行为，享有报酬请求权。《最高人民法院关于适用〈中华人民共和国合同法〉若干问题的解释（二）》第三条规定：“悬赏人以公开方式声明对完成一定行为的人支付报酬，完成特定行为的人请求悬赏人支付报酬的，人民法院依法予以支持。但悬赏有《合同法》第五十二条（《民法典》第五百零八条）规定情形的除外。”因此，该公司应当按照其声明向黄某支付相关报酬。

7. 两次判决因时效驳回诉讼请求，再审法院为何支持？

□杨　飞

【案情简介】

李某盟之父李某民于2012年9月13日因经济困难向陈某借款50万元，借期一个月，陈某通过银行转账方式实际给付50万元，李某民随即出具了借据。借款到期后，李某民至今未归还上述借款，经多次催要未果，经法院调查得知李某民于2013年8月3日死亡。被告系李某民的直系亲属有还款义务。因此，陈某于2014年10月13日向北京市海淀区人民法院提起诉讼。

【判决结果】

1. 一审法院判决驳回原告陈某的诉讼请求。

2. 二审法院判决驳回上诉，维持原判。

3. 再审北京市高级人民法院裁定指令北京市第一中级人民法院再审本案。

【律师解读】

一、本案诉讼时效届满之日具体是哪一天？

依据《民事诉讼法》第八十二条第三款之规定："期间届满的最后一日是节假日的以节假日的最后一日为期间届满之日"，本案的诉讼时效届满之日应为2014年10月13日（因2014年10月12日为法定节假日）。故本案原告系在诉讼时效最后一日主张权利，因此并未超过。

二、原告方提起诉讼因未交诉讼费按照撤诉处理、未向被告送达起诉资料是否引起诉讼时效中断的法律后果？

《民法典》第一百九十五条规定："诉讼时效因提起诉讼、当事人一方提出要求或者同意履行义务而中断，从中断时起诉讼时效期间重新计算。"笔者认为：其中规定的提起诉讼没有附加任何条件，即权利人只要提起诉讼就产生诉讼时效中断的法律后果，当然包括因未交诉讼费按照撤诉处理、未向被告送达起诉资料的情况。

三、当事人起诉后又撤诉导致诉讼时效中断，做有利于权利人的理解，符合诚实信用原则的基本要求

诚实信用原则是私法领域的基本原则，债务人理应依法、依约履行债务。在债务人未依约履行债务，权利人积极主张权利或者因客观障碍无法主张权利的情形下，法律规定了诉讼时效中断、中止制度，以阻却诉讼期间的继续计算，保护权利人的权利。同时，诉讼时效制度也对权利人的权利进行限制，督促权利人行使权利，禁止权利滥用，以维护社会交易秩序，进而保护社会公共利益，但实质并非否定权利的合法存在和行使。

每一个普通的案件都有成为典型案件的可能，每一个典型案件都是从普通案件中提炼出来的。因此，在律师整个执业生涯中，需要全身心地做好每一个案件！维护当事人合法权益。

8. 借名买房人能否排除房屋产权登记人债务的强制执行？

□ 张印富

【案情简介】

2009年7月11日，孙某代替陈某签字以陈某作为购房人与售房人签订《买卖定金协议书》，购买北京市某区2106号房（以下简称2106号房），并对房屋价款及定金、服务费用支付进行了约定。2009年7月15日，陈某与售房人签订《居间成交确认书》，对陈某作为购房人购买售房人出售的2106号房进行了确认，并确认了契税、工本费、居间报酬由购买方承担。同日，陈某与售房人签订《北京市存量房屋买卖合同》，孙某于当日向房产中介公司支付了居间服务费。2009年8月10日，售房人与陈某填写《房屋所有权转移登记申请书》。2009年8月11日，孙某缴纳印花税，以陈某名义缴纳二手房交易契税、房屋登记收费，并办理所有权人为陈某的房权证。2009年8月12日，孙某向售房人转账50万元。2106号房登记在陈某名下至今。房屋房权证及契税等发票原件均由孙某保管，该房由孙某一直实际居住使用。

孙某与陈某签订《劳动谅解相关协议》，孙某借用陈某名义购买房屋两套。

陈某与某公司借款合同纠纷一案，某中院第221号民事调解书已生效并进入执行拍卖程序，拍卖2106号房，孙某向某中院提出执行异议，某中院裁定驳回孙某的异议。

孙某提起案外人执行异议之诉，请求确认案涉房屋系孙某所有，不得执行该房屋。

某公司主张，原告证据不足以证实其与陈某之间存在借名买房情形，即使存在该情形，也只是在合同当事人间发生债权效力，对诉争房屋不享有排除强制执行的民事权益。请求依法驳回原告的诉讼请求。

陈某与某公司的意见一致。

【判决结果】

1. 一审法院判决 2106 号房归孙某所有，不得执行。某公司、陈某不服，提起上诉。

2. 二审法院驳回上诉，维持原判。

3. 最高法院裁定驳回某公司的再审申请。

【律师解读】

一、案外人执行异议之诉是一种复合性的新类型诉讼，兼具形成之诉、确认之诉的特点

《民事诉讼法》第 227 条规定："执行过程中，案外人对执行标的提出书面异议的，人民法院应当自收到书面异议之日起十五日内审查，理由成立的，裁定中止对该标的的执行；理由不成立的，裁定驳回。案外人、当事人对裁定不服，认为原判决、裁定错误的，依照审判监督程序办理；与原判决、裁定无关的，可以自裁定送达之日起十五日内向人民法院提起诉讼。"依照该规定，案外人可以提起执行异议之诉，以排除对特定标的物的执行。案外人执行异议之诉是一种复合性的新类型诉讼，兼具形成之诉、确认之诉的特点，并不能简单地定性为形成之诉、确认之诉或给付之诉。在形式上体现为是否排除强制执行行为的纠纷，在实质上是案外人与被执行人对该执行标的的权属纠纷和案外人对执行标的所享有权益与申请执行人的请求权的优先效力纠纷。

根据传统理论，案外人执行异议之诉只解决能否排除执行的问题，不解决权利归属的问题，对于权属争议第三人可以另诉。但实践中，无论案外人是否提出确认其权利的诉讼请求，法院都需要对执行标的的权属作出认定，才能就能否支持案外人排除对该执行标的执行的诉讼请求作出判断。因此，执行标的"真实权属"和"能否阻止执行"两项内容都属于执行异议之诉的审查范围。

《民诉法解释》（法释［2015］5号）第312条第二款规定：“案外人同时提出确认其权利的诉讼请求的，人民法院可以在判决中一并作出裁判。”本案中，一审法院同时作出确权判决，排除对案涉房屋的执行，符合法律规定。

二、案外人执行异议之诉是否作出确权判项，取决于当事人的诉讼请求

《全国法院民商事审判工作会议纪要》（法［2019］254号）第119条规定：“……，是否作出具体的确权判项，视案外人的诉讼请求而定。案外人未提出确权或给付请求的，不作出确权判项，仅在裁判理由中进行分析判断并作出是否排除执行的判项；案外人既提出确权、给付请求，又提出排除执行请求的，人民法院对该请求是否支持、是否排除执行，均应当在具体判项中予以明确。……”民事诉讼“不告不理”。是否在判决中作出确权判项，取决于当事人是否有明确的诉讼请求。上述《会议纪要》对《民诉法解释》（法释［2015］5号）第312条规定的人民法院可以在判决中一并作出裁判的情形，哪些情形可以、哪些情形不可以，进一步加以明确。对此，当事人在执行异议诉讼中对自己的诉讼请求需要尤其值得注意。

三、不动产登记物权人与真实物权人发生权属争议时，应当依据不动产物权变动的基础法律关系来确认物权归属

《物权法》第十七条（《民法典》第二百一十七条）规定：“不动产权属证书是权利人享有该不动产物权的证明。不动产权属证书记载的事项，应当与不动产登记簿一致；记载不一致的，除有证据证明不动产登记簿确有错误外，以不动产登记簿为准。”也就是说，不动产权属证书在法律上是一种权利证明，仅具有不动产权利的推定效力。依照《不动产登记暂行条例》第八条第三款规定，房屋产权登记仅用于记载不动产自然状况和权属情况，并不具有不动产实际归属的确定效力。法律允许登记权利人与真实权利人不一致的情形存在，当二者发生权属争议时，真实权利人可以通过诉讼等方式主张权利。对此，《物权法解释》（法释［2016］）5号）第二条明确规定："当事人有证据证明不动产登记簿的记载与真实权利状态不符、其为该不动产物权的真实权利人，请求确认其享有物权的，应予支持。"

本案中，在现有证据能够证明孙某借陈某之名购买2106号房并实际支付房款的情况下，借名买房事实成立，不动产权属的登记状态并不影响孙某对2106号房享有实际产权，孙某为2106号房的真实权利人。

四、正确把握足以排除执行的权利类型

案外人执行异议之诉的目的是排除对特定执行标的的执行。《民诉法解释》（法释［2015］5号）第312条第一款规定："对案外人提起的执行异议之诉，人民法院经审理，按照下列情形分别处理：（一）案外人就执行标的享有足以排除强制执行的民事权益的，判决不得执行该执行标的；（二）案外人就执行标的不享有足以排除强制执行的民事权益的，判决驳回诉讼请求。"该条所指的"民事权益"是指实体权益，包括所有权和能够排除强制执行的其他合法权益。如物权期待权、用益物权、担保物权、租赁权、到期债权等。除所有权之外，在一物之上还可能存在其他合法权益，同样具有对抗他人执行申请的法律效果。本案中，孙某借陈某之名购买案涉房屋并实际支付房款的情况下，不动产权属的登记状态并不影响孙某对案涉房屋享有实际产权，陈某并非案涉房屋真实所有权人，鑫瑞公司基于其与陈某之间的债权债务关系申请执行不能及于案涉房屋。

9. 遗失身份证被冒名借款，是否需要承担责任？

□刘　通

【案情简介】

张某的身份证于4年前遗失。2018年1月30日，一持张某身份证者以其名义向王某借款3万元，遂人间蒸发，王某于是将“张某”诉至T市A区人民法院，该法院于2019年9月25日作出缺席判决，判令“张某”返还借款3万元和逾期利息。后法院至申请人住所地强制执行时发现，借款人并非“张某”，乃他人冒用其名义所为。

张某对此倍感无奈，遂委托笔者，希望能解决这一问题。笔者接受委托后，便前往T市A区人民法院，与当时的承办法官取得联系，了解了整个案件的过程后，得出结论：借款人“张某”确系假冒身份向王某借款，笔者遂依据《民事诉讼法》第二百条之规定，向法院提交了再审申请。

【判决结果】

驳回王某的起诉。

【律师解读】

《民事诉讼法》第一百一十九条规定，起诉必须要有明确的被告。区人民法院查明：原审判决生效后进入执行程序，原告王某仔细辨认后发现，张某并非借款人，原审判决不符合法律规定，A区法院的裁定维护了张某的合法权益。至此，张某“沉冤昭雪”。

本案中，张某之所以莫名其妙地成为被告、被执行人，起因在于遗失了自己的身份证，而王某的财产损失至今未能追回，也是在于其轻信他人，未对“张某”的身份加以审核。因此笔者提醒诸位，身份证等能证明自己身份的证件十分紧要，一定要看管好。另外，在发生借钱、借物等可能涉及与他人发生经济纠纷的事件时，一定要仔细核实对方的身份，否则，可能如本案中王某一样，丢了钱，折腾一年半载，最后还是竹篮打水一场空。

10. 一千万元存款"不翼而飞"，银行为何承担责任？

□ 韩英伟

【案情简介】

2016年4月28日，李某应韦某（在某证券公司工作）协助其完成存款业绩的请求，将1000万元存入某支行。双方约好存款期限为半年，韦某承诺给予高额利息并实际支付。

李某在该支行开设账户仅用于存款，并未考虑办理其他银行业务，故没有开通网上银行及手机银行业务，也没有开通短信提醒功能。

4个月后，当李某到该支行打算取出这笔钱时，发现账户内已无任何款项。经其向该支行查询，发现曾某等仿冒其提供《委托划款授权书》，通过第三方划扣平台将存款划走，共计5天内密集转账200笔流向同一账户。李某遂将该支行起诉，请求立即返还1000万元本金及利息。

【判决结果】

1. 一审判决驳回李某的诉讼请求，受理费由李某负担。

2. 二审判决被告某支行向李某赔偿450万元及相应期限内的活期存款利息。若李某事后可获赔超出448万余元的部分，收取赔款的权利归属于被告某支行。

【律师解读】

一、李某对其名下涉案借记卡内1000万元资金的丢失，是否存在泄露个人及账户信息的过错？

首先，李某向诈骗分子泄露个人身份信息及账户信息。根据《结算通借记卡开某申请表》客户须知第1条规定，"客户应牢记并妥善保管、使用个人密、印、账号、电子证书等重要个人资料……客户如将密、印、账号和电子证书提供他人使用或泄露本人资料，由此造成的损失由客户自行承担。"李某违反上述规定，导致被诈骗，不能将此过错归责于银行，应由李某自己承担个人信息被泄露的责任。

此外，李某确认因未开通短信提醒功能，在案发 4 个月后才发现涉案账户内存款全部被转走。李某对于未能发现其账户在 5 天内密集对外转款 200 笔共计 1000 万元有一定过错。

二、被告某支行在 1000 万元资金丢失的过程中是否存在违约行为？

根据《商业银行法》规定，保证储户存款安全是银行的义务。但被告支行在交易流程中却未经审核相关资料便自动执行指令，无疑大大增加了交易风险，明显违法。《商业银行法》《储存存款条例》赋予了银行对储户存款具有安全保障的法定义务。商业银行应当保障存款人的合法权益不受任何单位和个人的侵犯。

故作为专业金融机构的银行在新型的交易流程中也应保障储户的交易安全，在创新业务的同时亦应强化其审核流程，为储户提供安全的交易环境，确保储户资金安全。

本案中，李某从未申请开通案涉交易业务，也从未允许银行、第三方机构在个人账户内进行任何划扣行为，但李某银行账户在 5 天内密集转账 200 笔流入同一账户时，该支行没有监管到异常现象，从未告知李某本案"扣款交易流程"的存在，也从未对李某履行风险提示或告知的义务。该支行未就案涉账户出现的异常行为采取通知客户等措施。

因此，该支行有违其在储蓄合同中应负的资金安全保障义务，应承担相应的过失责任。

11. 离婚协议中的赠与条款，是否合法有效？

□张 璐

【案情简介】

汪某与江某3于××××年××月××日结婚，婚后育有江某1和江某2。2008年汪某与江某3共同购买涉案房屋，登记在江某3名下。汪某与江某3将该房屋抵押给中国农业银行××县支行并办理了抵押登记手续，向该银行申请了按揭贷款20万元，贷款期限为10年。贷款发放后，江某3仅负责偿还了两年多的贷款，剩余贷款由汪某负责偿还。2012年9月18日，汪某与江某3因感情不和签订了《离婚协议》。同年9月19日，汪某与江某3经××县民政局登记离婚。《离婚协议》第四条约定："涉案房屋归甲（江某3）乙（汪某）双方的子女江某1、江某2二人共同所有，待房屋按揭还清后，由甲乙双方共同办理此过户手续，房屋现所欠的债务由甲方（江某3）按月归还。"汪某于2018年4月16日已将案涉房屋抵押贷款提前全部清偿，并注销了房屋抵押登记。但江某1、江某2未能依约办理过户手续，双方经多次协商、沟通，均无果。

原告江某1、江某2诉至法院，请求：（1）依法确认两原告共同享有涉案房屋的全部所有权份额，并在判决生效后15日内办理过户手续；（2）本案诉讼费用由被告江某3承担。

【判决结果】

1. 被告江某3应于本判决生效后15日内协助原告江某1、江某2将涉案房屋的所有权转移登记至原告江某1、江某2名下，办理产权变更登记手续的相关费用由原告江某1、江某2负担。

2. 驳回原告江某1、江某2的其他诉讼请求。

【律师解读】

一、涉案房屋系婚姻关系存续期间购置，属于夫妻共同财产

涉案房屋虽登记在江某3名下，但是，属于汪某和江某3在婚姻关系存续期间出资所购置，根据《中华人民共和国婚姻法》第十七条、第十九条第一款（《民法典》第一千零六十二条、第一千零六十三条）规定，在夫妻双方没有采用书面形式约定婚姻关系存续期间所得的财产归各自所有、共同所有或部分各自所有、部分共同所有或者约定不明确的情况下，夫妻双方在婚姻关系存续期间所得的财产，归夫妻共同所有。故案涉房屋属汪某和江某3的共同财产。

二、本案非所有权确认纠纷，而是离婚后财产纠纷

首先，最高人民法院发布的民事案件案由规定将所有权确认纠纷归属在物权纠纷中，属于第四级案由；将离婚后财产纠纷归属在婚姻家庭纠纷之中，属于第二级案由。可见，所有权确认纠纷与离婚后财产纠纷是性质不同的两类纠纷。所有权确认纠纷，是指针对某一标的物的权利归属产生争议而引发的纠纷。根据《中华人民共和国物权法》第三十三条（《民法典》第二百三十四条）规定，因物权的归属、内容发生争议的，利害关系人可以请求确认权利。故只有当事人之间就某一动产或不动产争相主张所有权时，法院才能对该争议的动产或不动产权利归属加以确认。而本案中讼争的房屋属于江某3和汪某共同所有，而非其子女所有。因此，本案不属于所有权确认纠纷，两原告不应在本案中提出要求确认案涉房屋所有权的诉讼主张。其次离婚后财产纠纷，主要包括三种情形：（1）当事人双方离婚时，没有对婚姻关系存续期间的夫妻共同财产进行分割，或者因一方隐瞒财产导致还有部分财产没有分割，离婚后一方要求对财产进行分配而产生的纠纷。（2）当事人协议离婚时达成了财产分割协议，离婚后因履行上述财产分割协议而发生的纠纷。（3）男女双方协议离婚后1年内就财产分割问题反悔而引发的纠纷，一方请求变更或撤销财产分割协议。本案的讼因系江某3不履行其与汪某在离婚时达成的财产分割协议而酿成，符合离婚后财产纠纷中的第二种情形，属于离婚后财产纠纷。最后，债权是指一方要求他方为一定行为或不为一定行为的权利，是一种相对权。本案中，案涉房屋产权初始登记在江某3名下，原本就属于江某3和汪某共同所有。虽然江某3和汪某离婚时一致同意将案涉房屋赠送给子女所有，但该赠与的意思表示不能直接引起物权变动，只是引起物权变动的原因而已。根据《中华人民共和国物权法》第九条（《民法典》第二百零九条）规定，不动产物权的设立、变更、转让和消灭，经依法登记，发生效力；未经登记，不发生效力。故本案两原告依据其父母在离婚协议中所达成的房屋赠与条款，仅是取得了“要求其父母将房屋产权变更登记到自己名下”的债权。两原告要想拥有案涉房屋的产权，还必须经过“变更登记”这一要件行为。因此，案涉房屋产权在没有变更登记的情况下，自始至终属于江某3所有（实际为江某3和汪某共同所有），而非两原告所有。综上，本案案由应确定为离婚后财产纠纷。

三、离婚协议中房屋赠与条款合法有效

在民政部门登记离婚时，离婚协议中的房产赠与条款并非是一个单独的赠与合同，而是与夫妻身份关系的解除、夫妻共同财产分割和债务承担、子女的抚养等问题构成一个有机联系的不可分割的整体，不能对其孤立评价或单独行使任意撤销权。具体如下：首先，夫妻双方是在综合考虑各种因素的前提下才同意离婚的，而将房产无偿赠与子女的条款也许就是夫妻双方为离婚所附加的条件。夫妻双方基于离婚事由将夫妻共同财产处分给子女的行为，可视为一种附协议离婚条件的赠与行为，在双方婚姻关系已经解除的前提下，基于诚信原则，不能允许任意撤销赠与。其次，根据《最高人民法院关于适用〈中华人民共和国婚姻法〉若干问题的解释（三）》第六条规定，婚前或者婚姻关系存续期间，当事人约定将一方所有的房产赠与另一方，赠与方在赠与房产变更登记之前撤销赠与，另一方请求判令继续履行的，人民法院可以按照《合同法》第一百八十六条（《民法典》第六百五十八条）的规定处理。也就是说，除了公证的赠与合同，或者具有救灾、扶贫等社会公益、道德义务性质的赠与合同不可撤销，一般的赠与合同在赠与财产的权利转移之前是可以撤销的。但是，离婚协议中的赠与行为与单纯的赠与合同并不相同。赠与合同，是赠与人将自己的财产无偿给与受赠人，受赠人表示接受的合同，赠与人在赠与财产的权利转移之前可以撤销赠与。而在民政部门登记离婚时达成的财产分割协议所涉及的赠与条款，与解除婚姻关系密不可分，当事人不能单纯撤销离婚协议中的赠与条款。再次，夫妻关于财产关系的约定以财产关系为内容，属于合同法的调整范围，但应当优先适用婚姻法等有关法律。《中华人民共和国合同法》第一百八十六条（《民法典》第一百八十六条）规定了赠与人的任意撤销权，但《最高人民法院关于适用〈中华人民共和国婚姻法〉若干问题的解释（二）》第八条第一款则明确规定，“离婚协议中关于财产分割的条款或者当事人因离婚就财产分割达成的协议，对男女双方具有法律约束力。”该规定强调了离婚协议中财产分割条款的法律约束力，以离婚协议中赠与条款的法律约束力对抗任意撤销权的任意性。根据这一规定，离婚协议中的财产分割条款不可擅自变更或者撤销。根据特别法优于普通法的原则，本案纠纷应当优先适用《最高人民法院关于适用〈中华人民共和国婚姻法〉若干问题的解释（二）》第八条的规定。另外，本案中也无证据证明在汪某和江某 3 签订离婚协议时存在欺诈、胁迫等情形。综上，汪某和江某 3 签订并经婚姻登记机关确认的离婚协议合法有效，其中第四条关于房屋赠与的意思表示亦当然合法有效。

综上所述，案涉房屋的抵押贷款已清偿完毕，设定的抵押权也已注销，且亦无其他权利负担。故两原告要求被告办理案涉房屋过户手续的诉讼请求，有事实和法律依据，应予支持。

12. 冰上遛狗溺亡案：谁能为你的愚蠢买单？

□ 康文平

【案情简介】

2017 年 1 月 16 日，支某外出遛狗后迟迟未归，其家人报警称怀疑支某掉入冰中。当晚经民警查找，发现支某在某河里死亡。2017 年 1 月 20 日，公安机关出具《鉴定结论书》，认定支某为溺亡，不属于刑事案件。

2017 年 10 月，支某的妻子、父母和女儿等近亲属向北京市某法院提起民事诉讼，以对某河道及河道水利设施存在行政管理职能的北京市水务局、丰台区水务局、北京市某河管理处和丰台区某河管理所未尽到安全保障义务为由，要求四被告共同赔偿丧葬费、死亡赔偿金、幼儿抚养费和精神损害抚慰金等共计 62 万元。

【判决结果】

当事人行为属于侵权责任法上的自甘风险行为，应自行承担相应的损害后果，水库不承担赔偿责任。

【律师解读】

此类案件的法律依据均为《侵权责任法》的第三十七条。《侵权责任法》第三十七条的（《民法典》第一千一百九十八条）规定："宾馆、商场、银行、车站、娱乐场所等公共场所的管理人或者群众性活动的组织者，未尽到安全保障义务，造成他人损害的，应当承担侵权责任。"

分解来看，构成侵权要满足两个基础条件：（1）发生意外的地理位置必须为公共场所；（2）该场所的管理人未尽安全保障义务。结合本案事实，支某溺亡的地点位于某河，属于水利设施范围，不在正常行走路径之上，明显不属于公共场所。既然不是公共场所，某河管理处自然也不存在安全保障义务。

且从侵权责任的构成上看，行为与损害后果必须存在因果关系。支某是成年人，具有足够的生活经验及行为能力，对于在水利设施范围内行为的风险，是完全能够预知的。在明知存在溺亡等风险的情况下毅然走入该区域导致自己死亡，其行为属于侵权责任法上的自甘风险行为，应自行承担相应的损害后果。

此案件不是个例，在全国各地也都发生过类似的事情。例如，2019 年 1 月发生在迁西的一起溺亡案，案情极其相似，死者也是在水库冰面上行走时溺水身亡。而这些案件一直提醒我们一件事，就是自己犯的错误只能自己负责，没人为你的愚蠢买单。

13. 虚假陈述，当事人为何被拘留罚款？

□ 张印富

【案情简介】

原告单某某诉被告方某某、戚某某民间借贷纠纷一案。原告诉称：方某某向其借款 40 万元，由戚某某提供担保。到期后，两人拒不还款，请求判令方某某归还借款 40 万元及利息，戚某某承担连带还款责任。两被告辩称：借款时与原告口头约定月利率 5%，扣除首月利息 2 万元后，仅实际交付 38 万元。原告对此予以否认，称 2 万元是 6 个月的部分利息，按照月利率 3% 计算。在第二次庭审中，原告陈述与两被告约定月息 3 分，扣除首月利息 1. 2 万元后，实际交付 38. 8 万元。在本案被发回重审后的庭审中，原告又认可实际交付借款 38 万元，但称按月利率 3% 扣除了 6 个月的部分利息。

【判决结果】

对单某某罚款 4 万元并拘留 7 日。

【律师解读】

诉讼当事人作为裁判结果的承担者，受趋利避害的本性使然，往往只陈述于己有利的内容，有的甚至虚假陈述，但我国《民事诉讼法》对当事人虚假陈述的法律后果及制裁措施并无明确规定。实务中，不如实陈述的情形客观存在，有的甚至被视为经验丰富的表现。2020 年 5 月 1 日，新修订的最高人民法院《关于民事诉讼证据的若干规定》（法释［2019］19 号）对当事人的诉讼行为进行了强化规制，明确规定当事人对于案件事实负有真实、完整陈述的义务，故意作虚假陈述，轻者被罚款、拘留，重者被追究刑事责任。后果很严重，诉讼当事人不可不知。

一、法律规定

《关于民事诉讼证据的若干规定》第六十三条第一款规定："当事人应当就案件事实作真实、完整的陈述。"第三款规定："当事人故意作虚假陈述妨碍人民法院审理的，人民法院应当根据情节，依照《民事诉讼法》第一百一十一条的规定进行处罚。"《民事诉讼法》（2017）第一百一十一条规定："诉讼参与人或者其他人有下列行为之一的，人民法院可以根据情节轻重予以罚款、拘留；构成犯罪的，依法追究刑事责任：……"。

二、诉讼当事人的义务

"当事人应当就案件事实作真实、完整的陈述。"这是最新明确规定诉讼当事人应当履行的义务。"真实"的含义，是指当事人的陈述与其主观认知相一致，当明知另一方当事人的陈述与事实相符，不进行否定性的争论。"完整"的含义，是指当事人的陈述不能是片面的、局部的，应该是对案件事实完整的陈述。如果当事人仅陈述部分事实，而隐瞒了其他事实，经其省略加工后陈述的事实可能无法完全反映案件真实情况。

三、虚假陈述及主要表现

虚假陈述，通常是指违反诚实信用原则，在诉讼过程中故意（包括直接故意和间接故意）对案件事实作虚假、误导性陈述，妨害人民法院查明案件事实的行为。其主要表现为故意陈述虚假的案件事实、虚假否认、虚假自认及陈述前后矛盾等情形。

四、实务中，需要注意把握“真实”“完整”的边界

当事人的陈述是其对亲历的事实进行主观加工和转换而得出的，并非客观事实本身，具有主观性的特点。当事人的真实义务，是指主观真实，而非客观真实，只要当事人不主张其明知不真实或者认为不真实的事实，也不对明知真实或者认为真实的对方当事人的主张进行争执，即可视为当事人履行了真实义务。当事人完整陈述义务，也是存在边界的。《民事诉讼法》第六十四条规定，当事人对自己提出的主张，有责任提供证据。当事人如何把握好自己的陈述，因人因案而异，客观上存在着对当事人经验智慧的考验。

14. 借名购买经济适用房，为何输了官司？

□ 高　庆

【案情简介】

2017 年，李某为规避当地的房屋限购政策，借用其表哥王某名字购买经济适用房，并申请了首套房屋贷款。王某取得房屋后，并未让李某居住，也未将房屋过户到李某名下。2018 年李某诉确认该房屋归其所有，并由王某协助其办理过户手续。

【判决结果】

1. 一审法院判决驳回李某诉讼请求。

2. 二审法院裁定维持原判。

【律师解读】

本案争议的焦点为李某与王某之间借名买房委托关系是否成立？借名买房协议是否有效？

中国的城市，尤其是一线城市住房紧张，人尽皆知。住房的问题又关系到社会的稳定，自住型商品房、经济适用房等政策性房屋本身就是保障中低收入家庭的住房需求而设立的，具有公益性和社会保障性。如果允许借名购买，将极大损害应照顾群体的利益。限购和限贷政策作为各种限制炒房、投机购房、遏制部分城市房价过快上涨的重要经济手段，体现了社会的公益性和保障性。

在司法实践中，对于规避限购、限贷政策而借名买房，尤其是政策性房屋，法官往往以损害社会公共利益为由，认定借名买房的合同无效。

在本案中，一审法院认为：房屋已经登记在王某名下，李某称约定借名买房，但并无证据证明李某支付了购房的定金、首付款及部分房贷。原告李某提供的证据不足以推翻房屋登记权利人的权属记载。驳回原告的诉讼请求。李某不服，上诉。二审法院认为：李某提供的证据已经形成了完整的证据链，双方存在借名委托购房的事实。但借名委托购房的合同无效，不能因此享有该房产物权，对其直接请求确权的行为不予支持。

李某为规避当地房屋限购政策，而借用王某的名义进行购房的行为，实际上损害了社会公共利益，应属于无效。无效的合同自始没有法律约束力。因此，该合同取得的财产应当予以返还，而不能因此确权其拥有该房屋的物权。

综上所述，李某可另行起诉王某返还其购房款。

15. 诉讼时效之辩，被告为何败诉?

□ 王光华

【案情简介】

2014 年 8 月 23 日，被告福建 A 公司作为甲方（以下简称 A 公司）将其南安阳光大地办公楼发包给作为乙方的原告泉州市 B 装饰工程有限公司（以下简称 B 公司）装修，双方签订了《XX 装饰工程合同书》，关于付款方面的主要约定为：第九条关于付款方面，工程首期款在签订合同 3 天内，付合同总价款 50%；工程第二期款，第一批木制作材料进场 3 天内，付合同总价款 30%；工程第三期款，第一批油漆料材料进场 3 天内，付合同总价款 15%；工程尾款，竣工验收合格 3 天内，付合同总价款 5%。第十条关于甲方配合义务方面，甲方须配合乙方进行各阶段的材料验收、单项工程验收和竣工验收并签证。甲方验收合格签证后，需要按进度支付工程款（验收后 3 日内），甲方不按期支付工程款的，乙方将有权停工直至甲方支付该工程款才继续开工，且工期顺延。合同签订后，原告开始进行装修。装修完成后，双方没有进行书面验收，后被告搬入并进行使用。时至 2016 年 2 月 6 日，被告付给原告最后一笔工程款 6.25 万元，至此被告共计支付原告工程款人民币 82.5 万元，但有余款人民币 10 万元迟迟未予支付。后原告诉至法院要求给付工程尾款 10 万元及拖欠期间的资金占用利息。

被告 B 公司庭审辩称，原告要求被告支付剩余款项的请求已超过诉讼时效，根据有关规定，被告作为装修工程发包方以转移占有该工程为竣工日期，根据合同第十条约定，被告于 2015 年 5 月 1 日搬入该办公楼，应视为诉争工程已验收合格，依据合同约定，被告最后一次支付工程款的时间为 2015 年 5 月 4 日，但此后原告一直未向被告主张尾款，直到 2017 年 7 月才向法院起诉，已经超过两年诉讼时效，不应予以保护。

原告称本案主张并没有超过诉讼时效，工程完毕交付使用后，原告一直与被告进行后期款项支付交涉，但被告不进行结算，被告最后一次付款时间是2016年2月6日，可见，原告起诉并没有超过诉讼时效。

【判决结果】

被告B公司支付原告A公司工程款人民币10万元及利息（利息自起诉之日起至本判决确定还款之日止按中国人民银行同期同类贷款利率计算），款项应于本判决生效后15日内一次性付清。

【律师解读】

被告称原告诉争工程款已超过诉讼时效，因双方至今未进行工程书面验收，被告已在实际使用，应视为竣工验收，但双方并没有办理竣工移交手续。而被告最后一次支付工程款的时间为2016年2月6日，以后再经原告催讨被告再未能付款，可见自2016年2月6日后，被告以自己的实际行为拒绝付款，应认定原告知道或应当知道自己的权利受到侵害的时间为2016年2月6日开始，因此，本案诉讼时效应从2016年2月6日起算。

从本案来看，作为诉讼时效抗辩的举证责任主体，被告根据合同条款提出从自己搬入办公楼使用时起即视为工程验收合格，尾款的支付时间为搬入时间点起算3日之内，即诉讼时效应从2015年5月4日起算。被告该抗辩理由不成立，抗辩理由存在一个错误，依据我国《民法典》规定，诉讼时效是从主张权利一方知道或应当知道权利被侵害的时间点起算，因此被告要举证证明原告知道或应当知道的时间点，然后从这个时间点起算诉讼时效，被告单方面认为从自己搬进办公楼的时间点起算诉讼时效不成立。而该案的特殊之处在于，原告没有否认知道被告搬进去的事实（但也没透露自己知道被告搬进办公楼的时间），并主张被告搬进去以后一直在索款，但被告不给结算，最后一次付款时间为2016年2月6日，自此认定原告主张尾款，被告以自己的行为表明拒绝付款，那么诉讼时效应当从2016年2月6日起算。

对于时间比较久远的负债，在主张权利时如何防止对方以诉讼时效抗辩，需要一系列的策略和工作相互配合。一方面，可以从付款条件和付款流程着手，在合同条文里面寻找可能的漏洞；另一方面，在诉讼之前可以先做一些前置工作，为后面的诉讼铺路，如跟对方对账，确认债务，签署还款协议，律师函催款等。抗辩与反抗辩，是一场策略与技术的较量，离不开背后的繁杂取证与对法律的深刻理解。

16. 父母出资买房登记在子女名下，子女擅自转让是否构成侵权？

□ 张印富

【案情简介】

原告甲某与被告乙某系父子关系。2004 年，甲某以乙某名义购买涉案房屋。甲某支付买房款等费用，在买房合同上签的“乙某”，房产所有权人登记为乙某，所有权证由甲某保管。因甲某办理抵押手续时将所有权证原件交给银行，乙某从银行取走。2018 年，乙某利用该房产证将涉案房屋以 2500 万元转让给 A 公司并完成过户。甲某遂诉乙某转让涉案房侵害了其合法权益，请求判令被告违法转让原告拥有 50% 所有权的涉案房所得的现金 1250 万元归属原告，并立即向原告给付。

乙某辩称，涉案房系甲某对乙某的赠与，涉案房的买卖和所得房款均应归属乙某，与原告无关。不同意原告的诉讼请求，请依法驳回。

【判决结果】

乙某于本判决生效后 7 日内赔偿甲某 1250 万元。乙某不服，提起上诉，二审驳回上诉，维持原判。

【律师解读】

一、对于子女转让父母出资购买登记在该子女名下的房屋，是否构成侵权，应先确定该房屋所有权的归属

现实生活中，对登记在未成年子女名下房屋的权属的认定，情形比较复杂，实际裁判观点不尽一致，主要有两种观点：

第一种观点认为，根据物权法的规定，不动产权属证书是权利人享有该不动产物权的证明。如果夫妻将购买的房屋登记在未成年子女名下，那就意味着将购买的房屋赠与未成年人。

第二种观点认为，不能仅按照产权登记的情况将房屋一概认定为未成年人的财产，还应审查夫妻双方的真实意思表示。

最高法院实际案例中采取第二种观点，认为：用夫妻共同财产购买房屋，子女尚未成年，如果产权登记在该子女名下，不能简单地按照登记情况将房屋认定为未成年子女的财产。因不动产物权的登记分为对外效力和对内效力，对外效力是指根据物权公示公信原则，不动产物权经过登记后，善意第三人基于对登记的信赖而与登记权利人发生的不动产交易行为应受到法律保护；对内效力是指应审查当事人的真实意思表示来确定真实的权利人。

实际生活中，夫妻共同出资购买房屋后，可能基于各种因素的考虑而将房屋产权登记在未成年子女名下，但这并不意味着该房屋的真实产权人即为未成年子女，人民法院应审查夫妻双方在购买房屋时的真实意思表示。如果真实意思确实是将购买的房屋赠与未成年子女，离婚时应将该房屋认定为未成年子女的财产，由直接抚养未成年子女的一方暂时管理；如果真实意思并不是将房屋赠与未成年子女，应将该房屋作为夫妻共同财产处理。

二、对于父母出资买房登记在子女名下的行为，应当依据当事人的真实意思表示来认定是否构成赠与

根据《民通意见（试行）》第一百二十九条规定：“赠与人明确表示

将赠与物赠与未成年人个人的，应当认定该赠与物为未成年人的个人财产。”因合同法上的赠与系双方法律行为，需要赠与人赠与的意思表示真实，且受赠人应发出接受赠与的意思表示。未成年人的民事行为需要由父母代理，如赠与人与受赠人皆为未成年人的父母，从而在自己与自己之间发生民事法律行为，该行为不可能发生合同法上的效力。是否构成赠与，通常要综合以下几种因素进行考量。

一是看父母与子女之间是否有书面的赠与合同或口头上明确的赠与及接受赠与的表示，如果有，又办理了产权登记，应当认定赠与关系成立。

二是没有明确的赠与表示，仅有事实上的登记行为，则要看该房屋是否履行了事实上的交付行为，以及该登记行为是基于什么目的而为的。如果父母纯粹是为子女结婚而出资买房并且事实上已交付，《婚姻法解释二》第二十二条有类似的规定，如果父母不是为了子女结婚，而是将自己的房屋甚至是自住房屋基于其他种种原因登记在子女名下，并且没有事实上的交付行为，甚至父母一直居住该房屋，不宜认定为赠与关系。因为仅根据登记行为而在事实上没有履行交付行为，无法明确推断出当事人的赠与及接受赠与的意思表示。

三是从保护公民基本的居住权利的需要出发，每一个公民的基本居住权具有根本上的优先性，父母将自己的房屋甚至一直居住的房屋登记在子女名下，认定为赠与关系成立的话，将严重侵害公民基本的居住权，不宜认定为赠与关系成立，这也是法律规则制度建构的基础。

上述案例中，甲某自始没有明确的赠与意思表示，将房产登记在乙某名下，不构成赠与的真实意思表示，也不符合《合同法》第一百八十五条（《民法典》第六百五十七条）关于赠与是双方法律行为的性质。

三、因物权的归属、内容发生争议的，利害关系人可以请求确认权利

不动产物权变动的原因（合同）与不动产物权变动的结果（物权登记）是两个不同的法律事实。《物权法解释》第二条规定：“当事人有证据证明不动产登记簿的记载与真实权利状态不符、其为该不动产物权的真实权利人，请求确认其享有物权的，应予支持。”不动产登记物权人是法律推定事实，不排除与真实的权利状况不一致的情形存在，当登记物权人与真实物权人不一致时，根据上述规定，房产归属于真实物权人。上述案例中乙某清楚登记在乙某名下房屋是甲某出资购买，甲某并未明确表示赠与乙某，乙某私下转让该房屋损害了甲某的合法权益，构成侵权，故判决予以赔偿。

17. 宅基地拆迁后，拆迁款、安置房等如何分配？

□ 韩英伟

【案情简介】

白某1与靳某为夫妻关系，白某2为靳某与白某1之子。姚某与白某2原系夫妻关系，2006年3月20日登记结婚。2012年8月20日，靳某（乙方）与腾退办公室（甲方）签订《××村“城乡一体化”改造宅基地腾退补偿安置方案》，约定：乙方腾退的宅基地位于西院－1号，确认宅基地面积164平方米，建筑面积114平方米，上述四人均为应安置人员。同日，靳某、白某1、白某2基于该补偿协议，获得了A号、B号、C号、D号共计四套房屋（没有房产证）并获得了共计2 079 670元房屋腾退补偿款。姚某作为应安置人对于腾退款、安置房及安置租金依法享有财产权益，要求依法分割，故诉至法院。

被告靳某、白某1、白某2辩称，不同意姚某的诉讼请求，理由如下：一、拆迁宅基地与姚某无关，姚某没有参与建房，对家庭无贡献，对子女也没有尽到抚养义务。二、拆迁款中周转补助费已实际用于周转支出，姚某无权主张分割。三、姚某户口不在拆迁宅基地内，姚某仅享有50平方米安置指标，对安置房屋不享有任何权利，其主张分割租金收益，于法无据。

【判决结果】

1. 宅基地腾退补偿款 636 230 元归被告靳某、白某 1、白某 2 共同所有。

2. 被告靳某、白某 1、白某 2 于本判决生效之日起 10 日内给付原告姚某补偿款 50000 元。

3. 原告姚某有权居住使用 301 号房屋。

4. 被告靳某、白某 1、白某 2 于本判决生效之日起 10 日内给付原告姚某 2017 年 1 月 1 日至 2019 年 7 月 31 日房屋租金收益 46 500 元。

【律师解读】

宅基地拆迁案件一般是要根据具体的拆迁政策、拆迁协议及家庭成员对于拆迁房屋翻扩建的贡献情况，综合考虑因素进行分配。

本案诉争的房屋及腾退补偿及所得款系基于户主为白某 1 的宅基地和其上房屋拆迁所得。鉴于宅基地为白某 1 与靳某结婚所得，同时，白某 2、姚某并未参与该宅基地上房屋建设。根据《槐房村"城乡一体化"改造宅基地腾退补偿安置方案》，宅基地补偿款、房屋重置成新价及附属物作价、腾退补偿奖励费、重点村综合补助费、搬家补助费均归靳某、白某 1 所有；提前搬家奖、工程配合奖，白某 2、姚某共计应得 44 000 元；因姚某、白某 2 共享有 100 平方米安置面积，故两人期房补助费应得 38 000 元。

姚某与白某 2 应得份额为两人夫妻关系存续期间共同财产，因白某 2 在婚姻存续期间存在过错，故分割时姚某可以适当多分。靳某、白某 1、白某 2 庭审中表示三人的份额不需要进行分割，故其余腾退补偿款归靳某、白某 1、白某 2 共同所有。现腾退补偿款均在靳某、白某 1 处，其应当给付姚某 50 000 元。

2012 年 8 月至 2016 年 12 月周转补助费虽由靳某领取，但已实际用于租房支出，姚某亦居住使用租赁房屋，且并未支付房屋租金。

姚某作为拆迁被安置人，应享有相应的安置权益。依据《槐房村宅基地腾退回迁安置房认定单》，可以确认靳某选购A号、B号、C号、D号房屋时使用了安置人口姚某优惠购房指标，故姚某主张有权居住使用A号安置房屋。姚某要求上述房屋归其所有，因房屋产权证书尚未办理，不具备分割所有权条件，应当待房屋产权证书办理完毕时，可再行处理。

关于房屋租金收益，因A号、B号、C号、D号房屋尚未分割，姚某、靳某、白某1、白某2对上述房屋均有权使用，而靳某、白某1、白某2将部分房屋出租，姚某作为使用权人有权分割已经产生的租金收益，具体份额根据房屋出租时间、租金情况，以及姚某、靳某、白某1、白某2所占房屋份额及对房屋的贡献酌情决定给付46 500元。

18. 夫妻之间签订的忠诚协议是否有效？

□ 吴京徽

【案情简介】

李某（男）与马某（女）于2012年登记结婚并生有一女。婚后李某与异性罗某存在不正当交往关系，导致罗某两次怀孕。2017年1月，李某与马某签订婚内协议一份，约定今后双方互相忠诚，如因一方过错行为（婚外情等）造成离婚，女儿由无过错方抚养，过错方放弃夫妻名下所有财产，并补偿无过错方人民币20万元。协议签订后，李某仍与罗某保持交往，罗某于2017年7月产下一子。李某诉至法院要求离婚，马某同意离婚并主张按照婚内协议约定，处理子女抚养和夫妻共同财产分割。

【判决结果】

1. 一审法院判决女儿随马某共同生活，并由马某分得夫妻共同财产的70%。李某、马某均提起上诉。

2. 二审法院驳回上诉，维持原判。

【律师解读】

现代社会，随着公民权益意识的逐步提升，不少青年男女在结婚前后会采用书面方式签订“忠诚协议”，约定在一方违反婚姻忠实义务的情况下承担一定的赔偿责任。因违反此类“忠诚协议”而起诉要求赔偿的案件也频频发生，引起社会各界人士的广泛关注，同时也引发了很大的争论。本案中人民法院对“忠诚协议”的效力持否定态度，也是当前司法实践中的主要观点之一，但部分法院在相同情况下也曾作出完全相反的认定。鉴于“忠诚协议”的效力问题当前仍存在较大分歧，笔者在此作出更为详细的解读。

一、“忠诚协议”效力的分歧

一种观点认为，夫妻“忠诚协议”并不违法，因为夫妻忠实本来就是法律规定的内容，属于法律明确的要求，协议双方等于将法定的义务变成了约定的义务，法院应当予以认可。

另一种观点认为，婚姻本身即契约，一方在背叛对方之前就得考虑违约所要付出的成本。只有在没有具体协议约束的情况下，双方承担的是道德义务，而道德成本对于个人来说是隐性的，是不确定的。一旦签订了协议，就将隐性化的道德成本显性化了，当事人很可能就会三思而行。从这个意义上说，忠诚协议对于维系婚姻稳定将起到积极作用。

也有观点认为，《婚姻法》第四条（《民法典》第一千零四十一条）规定：“夫妻应当相互忠实”意在提倡而非法定义务。法律允许夫妻对财产关系进行约定，但不允许通过协议来设定人身关系。人身权是法定的，不能通过合同来调整。

还有观点认为，夫妻之间签订的“忠诚协议”，虽不违法无效，但这种协议应由当事人本着诚信原则自觉履行，法院不能赋予“忠诚协议”强制执行力。因为“忠诚协议”要获得法院赋予的强制执行效力，必须经过一系列的查证举证程序，法院审理这类“忠诚协议”案件，必然会面临尴尬而危险的举证困境和一系列社会负面影响，应当考虑赋予“忠诚协议”

强制执行效力的巨大社会成本。“忠诚协议”更多可能是情绪化的产物，不具有合同法上的效力。

二、司法实践现状

笔者查阅了大量相关案例，在当前司法实践中，人民法院只有在极少数情况下直接依据“忠诚协议”中的约定要求出轨一方承担相应的赔偿责任，少部分法院在认可“忠诚协议”的同时，会对其中约定的赔偿标准做出合理调整，避免“天价”赔偿造成一方当事人生活困难。而在更多情况下，人民法院并不认可“忠诚协议”中赔偿条款的法律效力。其中，上海、江苏等地区高级人民法院对审理此类案件还作出了相关指导意见。

上海市高级人民法院在相关指导性意见中规定：对夫妻双方签有忠实协议，现一方仅以对方违反忠实协议为由，起诉要求对方履行协议或支付违约金及赔偿损失的，人民法院不予受理；除《婚姻法》第四十六条（《民法典》第一千零九十一条）规定的情形外，夫妻一方在离婚案件中以对方违反忠实协议或违背忠实义务为由，要求对方支付违约金或损害赔偿的，审理该案的人民法院不予处理。

江苏省高级人民法院 2019 年 7 月 18 日印发的《家事纠纷案件审理指南（婚姻家庭部分）》中指出：“夫妻忠诚协议是夫妻双方在结婚前后，为保证双方在婚姻关系存续期间不违反夫妻忠诚义务而以书面形式约定违约金赔偿金责任的协议。夫妻是否忠诚属于情感道德领域的范畴，夫妻双方订立的忠诚协议应当自觉履行。夫妻一方起诉主张确认忠诚协议的效力或者以夫妻另一方违反忠诚协议为由主张其承担责任的，裁定不予受理，已经受理的，裁定驳回起诉。”

三、笔者观点

人民法院不宜一概否定“忠诚协议”的法律效力，其中的“出轨赔偿”“出轨净身出户”等条款，在现行法律框架下认可其效力并不存在明显障碍，应当在一定程度上认可其效力。但一方以“忠诚协议”为依据请求赔偿的，应当以出轨导致离婚为条件。

“夫妻之间应当忠诚”是道德义务而非法律义务。《婚姻法》第四条（《民法典》第一千零四十一条）规定“夫妻应当互相忠实，互相尊重”，以及即将生效的《民法典》第一千零四十三条规定“夫妻应当互相忠实，互相尊重，互相关爱”均为婚姻家庭中的道德规范的规定，属于倡导性的规定。因此，“忠诚协议”类似“双方结婚后，不得发生婚外情”、“一方如若发生婚外情，另一方提出离婚的，出轨一方应当同意并配合办理离婚手续”等直接涉及身份关系的条款，不发生法律效力，依赖当事人双方自觉履行。但“忠诚协议”效力发生争议的核心，并不是法律能否约束夫妻不忠实的行为，而是在违反夫妻忠实义务时一方是否可以依协议要求赔偿。

我国现行法律下，违反夫妻忠实义务导致离婚是可能承担损害赔偿责任的。《民法典》第一千零九十一条（或《婚姻法》第四十六条）规定因一方重婚、与他人同居导致离婚的，无过错一方有权请求人民法院要求过错一方承担损害赔偿。由于重婚、与他人同居是极其严重的违反夫妻忠实义务的行为，对无过错一方造成极其严重的伤害，不能完全依靠道德约束。法律虽然不能干预感情的破裂、见异思迁，但是对于严重过错一方的行为造成无过错方损害而承担赔偿责任是符合我国婚姻家庭的基本原则的，也是符合法理的，这也是在婚姻家庭编中设置损害赔偿条款的原因。

设有“出轨赔偿”“出轨净身出户”条款的“忠诚协议”可以看作是以“出轨导致离婚”为生效附条件的财产归属协议。虽然法律未对一般的出轨行为导致婚姻破裂作出损害赔偿的规定，但是在民事领域范畴，法无禁止即自由，夫妻双方愿意对彼此忠实提出更高的要求，在设置一个合理框架的前提之下，法律也应当予以保护。《民法典》第一百五十八条（或《民法总则》第一百五十八条）规定，民事法律行为可以附条件，附生效条件的民事法律行为，自条件成就时生效。在签订“忠诚协议”时，“因一方出轨导致婚姻破裂”属于一种将来的或然事实，符合附生效条件的民事法律行为的范畴。需要强调的是，由于情感的复杂化，时常存在反复，若仅以出轨为由而起诉要求履行“忠诚协议”的赔偿条款的，应当不被支持，笔者认为该请求应当以“出轨导致离婚”为前提，即应当与离婚的诉讼请求一并提出或者在离婚后单独提出。

根据《民法典》第一千零六十五条（或《婚姻法》第十九条）关于

夫妻约定财产制的规定，男女双方可以约定婚姻存续期间所得的财产及婚前财产归属，这也为“忠诚协议”作为附条件的财产归属协议受法律保护提供了法理基础。

对于“忠诚协议”中的“天价”赔偿条款将明显导致一方生活困难的，人民法院应当作出适当调整，结合约定，在一定合理范围内对财产作出处置。

笔者认为，虽然青年男女通常会在情绪化的情况下签署“忠诚协议”，但并不意味着情绪化的承诺就不需要履行，作为具备完全行为能力的自然人，应当明白承诺的意义并尊重婚姻。

19. 离职员工抢注原企业商标，是否合法？

□ 刘云佳

【案情简介】

杭州某公司（以下简称异议人）坐落于“十里梅花香雪海”的超山风景区北麓，是一家集生产、研发、销售为一体，以传统工艺结合现代先进的生产技术，以新鲜水果为原料经过二十多道工序生产出带有浓郁特色风味蜜饯的现代休闲食品企业。异议人结合自身地理位置特色、暗喻商品产源及文字的美感多种因素臆造而成了“ABCD”商标，通过注册及使用已经在第29类“水果蜜饯”、第30类“咖啡”等休闲食品领域具有较高知名度。

员工李某（以下简称被异议人）于2016年10月入职异议人企业，担任业务员职位，从事蜜饯销售工作，在其任职期间也代表异议人对外签署“ABCD”商标商品的经销协议。2018年10月，李某因个人原因提出辞职并在辞职不足30日内以个人名义将“ABCD”作为商标申请注册在第33类“葡萄酒”等商品上（以下简称被异议商标），该商标经审查初步审定并刊登在1650期《商标公告》上。根据《商标法》的规定，自初审公告3个月内如无人提出异议的话，商标即核准注册。

异议人发现此种情况下遂委托笔者于法定期限内对被异议商标提起异议，笔者结合被异议商标标识、指定商品类别及被异议人曾就职于异议人企业的客观事实，以被异议商标构成《商标法》第十五条第二款情形请求对被异议商标不予注册。

【处理结果】

经过近12个月的审查，国家知识产权局商标局做出对被异议商标不予注册的决定，并认定了被异议人未经异议人授权情况下，以自身名义申请注册被异议商标已构成《商标法》第十五条第二款所指之情形。

【律师解读】

针对在特定关系之间发生的商标抢注行为，《商标法》第十五条第二款规定“就同一种商品或者类似商品申请注册的商标与他人在先使用的未注册商标相同或者近似，申请人与该他人具有前款规定以外的合同、业务往来关系或者其他关系而明知该他人商标存在，该他人提出异议的，不予注册”，而本案中的“普通员工与企业之间的隶属关系”即属于“其他关系”中的一种。

为证明被异议人与异议人之间符合以上情形，笔者指导异议人企业收集与被异议人间的劳动合同、保密协议、产品经销合同、辞职申请单、离职移交单等材料证实双方之间具有“隶属关系”的事实。同时，对被异议商标指定商品与异议人“ABCD”在先使用商品之间在功能用途、销售渠道、消费群体等方面具有紧密的关联做出详细的列举与说明，结合“ABCD”商标在先具有较强显著性与知名度的因素强调被异议人抢注商标的事实与攀附恶意。

企业聘请员工本是想通过双方之间形成的劳动关系，通过员工生产力，为企业带来更多利益。员工在工作中必然对企业知识产权有所了解，这也给了某些员工在离职后抢注原单位商标的“机会与便利”。企业对离职员工不仅应在商业秘密、竞业限制等重要环节做出约定，对于离职员工“明目张胆”抢注商标的行为更应积极行使法律手段，维护自身企业知识产权。

20. 误买“凶宅”，《房屋买卖合同》能否撤销?

□ 侯蒙莎

【案情简介】

2018 年 11 月 8 日，柴某与袁某签订了《北京市存量房屋买卖合同》，袁某购买柴某所有的涉案房屋，成交总价为 308 万元。涉案房屋位于北京市丰台区，原系李某所有，后售予柴某并办理了房屋过户登记手续。上述合同签订后，袁某依约支付了全部购房款，并另行支付居间费 66 528 元、契税及印花税 13 005 元。2019 年 2 月 21 日，柴某将涉案房屋所有权转移登记至袁某名下。

2019 年 4 月 10 日，袁某在装修过程中得知涉案房屋曾发生跳楼事件，应系凶宅，存在重大瑕疵，其在违背真实意思的情况下、因重大误解签订的上述合同应予撤销，故提起诉讼，请求：（1）依法撤销上述《北京市存量房屋买卖合同》；（2）将涉案房屋转登记回柴某名下，由柴某承担转移所涉税费；（3）柴某向袁某返还购房款 308 万元；（4）柴某向袁某赔偿因购买涉案房屋支付的税费 13 005 元；（5）柴某向袁某赔偿因购买涉案房屋支付的居间服务费 66 528 元；（6）要求柴某向袁某赔偿已付资金利息损失；（7）诉讼费用由被告负担。

庭审过程中，柴某辩称：涉案房屋原房主为第三人李某，两年前其加价 20 万自李某手中购得该房屋时，李某从未提及该房屋发生过非正常死亡事件；从购买到出售，柴某一直在涉案房屋内居住，期间并不知道该房屋发生过非正常死亡事件，居住一切正常。袁某亦无证据证明柴某对涉案房屋内曾发生非正常死亡事件知情。同时，一审法院曾到北京市公安局丰台分局进行调查，调查结果显示，李某之母田某确系于 2015 年 8 月 14 日自涉案房屋内坠落死亡。对此，北京市公安局丰台分局出具的《关于田某死亡的调查结论》亦载明：该人系符合高坠致创伤性休克而死亡。

【判决结果】

一审法院判决：（1）撤销上述《北京市存量房屋买卖合同》；（2）柴某于判决生效后 7 日内返还袁某已付购房款 308 万元；（3）袁某于判决生效后七日内协助柴某将涉案房屋权属转移登记至柴某名下；（4）袁某于判决生效后 7 日内将涉案房屋交付柴某；（5）驳回袁某的其他诉讼请求。

柴某不服，提起上诉。经过审理，二审法院判决驳回上诉，维持原判。

【律师解读】

一、曾发生跳楼事件的涉案房屋是否是“凶宅”?

凶宅并非法律概念，无法从法律规范中搜寻其明确定义，但交易实践中对凶宅的认定标准已相对形成共识。是否认定为凶宅主要考虑两个因素：一是死亡地点，二是死亡形式。本案中，一方面，田某自案涉房屋内坠落，虽最终的坠落地点在案涉房屋外，但坠落的起点在案涉房屋内，田某死亡事件与涉案房屋仍存在较大的关联性，从死亡地点上，不能排除案涉房屋为凶宅。另一方面，田某之死并非正常的生老病死，无论是自杀或者意外，均不能否认田某为非正常死亡具有高度可能性，死亡形式亦可纳入凶宅认定的范围内。因此，涉案房屋属于传统习俗认知的“凶宅”范畴。

二、误买凶宅，《房屋买卖合同》能否撤销?

根据《合同法》第五十四条（《民法典》第一百四十七条）规定，因重大误解订立的合同，当事人一方有权请求人民法院予以撤销；重大误解，是指误解者作出意思表示时，对涉及合同法律效果的重要事项存在着认识上的显著缺陷，其后果是使误解者的利益受到较大的损失，或者达不到误解者订立合同的目的。

本案中，袁某向柴某购买案涉房屋时，完全有理由相信案涉房屋是正常房屋，不影响其使用，既包括房屋质量客观上不存在问题，也包括房屋不会对一般人产生使用上的主观障碍，后者与房屋存在质量问题对使用人的影响无差别。袁某在交易成功后知晓案涉房屋曾发生非正常死亡事件，从田某死亡之日到袁某知晓之日相隔不足 4 年，该非正常死亡事件的影响并未消失殆尽，对袁某使用房屋仍会造成主观的障碍。所以袁某知晓案涉房屋为凶宅后，应认定订立合同时相信案涉房屋属于正常房屋系错误认识，且该错误认识不应归责于袁某。同时，袁某对房屋产生错误认识，并非轻微而未造成实际损失。一方面，当其内心存在使用的主观障碍时，必然会影响其正常使用房屋，无法使房屋的使用功能发挥到最大；另一方面，房屋再次交易时价值也极有可能会受到影响。袁某对房屋产生错误认识，使订立合同的行为与其真实意思相悖，客观上也对其造成较大的损失，所以应认定袁某系基于重大误解订立合同。因此，袁某要求撤销合同理由正当，应予支持。

三、卖方在出售房屋时不知情或没有证据证明卖方知情的，《房屋买卖合同》撤销后，责任如何分配？

依照《合同法》第五十八条（《民法典》第一百五十七条）规定，合同被撤销后，因该合同取得的财产应当予以返还，不能返还或者没有必要返还的，应当折价补偿，有过错的一方应当赔偿对方因此所受到的损失，双方都有过错的，应当各自承担相应的责任。

本案中，上述合同被撤销后，袁某应将涉案房屋返还柴某，并将该房屋的权属转移登记至柴某名下；柴某亦应将购房款 308 万元返还袁某。但因没有证据显示柴某在出售房屋时存在知道或者应当知道涉案房屋曾发生非正常死亡事件而故意隐瞒、未如实告知的情形，即无法证明柴某存在过错，故柴某对于袁某在交易过程中所产生的居间服务费、税费及利息损失不承担赔偿责任。

21. 网红解约，怎样维护自己的合法权益？

□ 白小雨

【案情简介】

某公司是一家网红孵化公司，韩某是一名小网红，双方于2018年4月1日签订《合作协议》，合作期限为5年，合同主要权利义务是达达公司为韩某搭桥介绍广告资源、派人负责韩某微博等账号推广，韩某负责拍摄广告的图文、视频发布至其个人账号，双方对广告收益进行三七分成（韩某分成7、某公司分成3）盈利，韩某需要每月支付达达公司5万元服务费。粉丝通推广费用账户（推广费）应有20万元余额，合同中又约定了20万元的“履约保证金”。《合作协议》签订后，韩某向达达公司账户一次性转账30万元。

2018年7月20日，双方签订《补充协议》，约定自2018年7月1日起，韩某无须向某公司每月支付5万元服务费，双方分成比例由三七分变为五五分，且将韩某原支付30万元的性质进行明确：10万元为粉丝通推广费用，5万元为违约保证金，15万元为4—6月服务费。

《合作协议》签订后，某公司给韩某安排的广告数量明显减少，且不再派人打理其账号，某公司辩称广告商挑选艺人导致广告减少、韩某未往粉丝通继续充值故不再派人打理账号。韩某对此并不信服，多次与达达公司交涉无果，但5年期合同仅过去了半年，不解约将影响其后续与其他公司合作（《合作协议》中包括竞业禁止协议，违法需要支付巨额违约金），故找到律师委托解约事项。律师为其于2018年11月出具解约律师函，后被某公司认为是主动解约、韩某不履行合同义务等向仲裁委申请仲裁，并要求韩某支付原《合作协议》约定的违约金即“韩某累计收入的30% + 合同涉及的剩余推广费用 + 履约保证金”，以及认为韩某违反竞业限制约定，其维护推广韩某的运营成本、韩某在自己社交平台上私自发布其他品牌图文、视频广告的300万元违约赔偿。

【判决结果】

1. 确认双方签订的合同及附件、《补充协议》已于2018年11月15日解除。

2. 韩某向某公司支付竞业限制违约金10万元。

3. 韩某向某公司支付1万元的广告收入分成。

4. 某公司向韩某支付未结收入5万余元及相应滞纳金。

【律师解读】

一、某公司不履行合同义务根本违约，导致韩某合同目的不能实现，韩某因此拥有法定合同解除权，合同已于韩某向达达公司发出解约律师函之日起解除

某公司在与韩某签订7月20日《补充协议》后，某公司不再安排人负责韩某微博等账号维护，且某公司安排韩某拍摄的广告明显减少，韩某4—7月广告收入为30万余元，而8—10月广告收入为5万余元，整个9月某公司仅给韩某安排了1个广告，而韩某与达达公司签订合同的根本目的就是增加韩某的业务量，达到预期的收入水平。某公司的根本违约行为赋予了韩某法定的合同解除权，故双方的《合作协议》于韩某向某公司发出解约律师函之日起解除。

二、某公司提出的违约金计算方式不成立

某公司要求按照“韩某累计收入的30% + 合同涉及的剩余推广费用 + 履约保证金”支付违约金的依据，是原《合作协议》的约定，而双方签订的《补充协议》已经重新约定了韩某已经缴纳的5万元为违约保证金，即对违约金的重新约定，应当以《补充协议》的约定为定案依据。

三、韩某无须向达达公司支付所谓的运营成本

双方签订的本案合同及后续《补充协议》并未要求达达公司租房固定

办公地点，韩某需要的是广告业务带来的收入而非达达公司体面的办公环境。其次，双方签订《补充协议》前，韩某每月支付达达公司5万元服务费应包含某公司全部运营成本。《补充协议》签订后，某公司的分成比例由三成提高至五成并且韩某每月不必再交服务费，这是双方协商后都同意的结果，某公司不应另行主张所谓运营成本。且某公司提供的证据包含2017年6月签订的租房合同，租房支出有发生在双方签订本案合同前的部分，该部分费用与韩某无关。

四、韩某无需向达达公司支付预期利益损失

双方未在本案合同及《补充协议》中约定韩某每月应当创造多少收入，在《补充协议》中更是仅约定双方分成，不含任何其他费用，即若韩某无月收入，也无须向某公司进行分配或支付额外费用，韩某不存在预期利益一说。即便存在预期利益，预期利益也为0，因双方签订《补充协议》后，某公司不好好为韩某提供服务，韩某8月仅拍摄3个广告、9月2个、10月1个，照这种模式继续，韩某将无收入可言。

五、韩某拍摄视频非盈利性质视频

某公司列示的韩某为其他公司拍摄盈利广告的视频，大部分为韩某自己购买产品拍摄或者收到品牌方礼物觉得值得推荐给自己粉丝，便为产品免费拍摄广告等，均与品牌方无利益相关，不存在私自承接第三方广告行为。且韩某发布的视频大多在解除本案合同之后，韩某未在与达达公司合作期间承接广告，对应视频等韩某不同意删除也无须因此对达达公司赔偿。

艺人经纪合同的争议解决机构一般都会选择仲裁委，因为仲裁文书具有一定私密性，不会像法院判决书一样对外公开，其次仲裁还有一个特点即裁决更为灵活，对证据的要求没有法院要求的严谨，更注重案件事实。所以从艺人解约角度出发，整理出证明经纪公司根本违约的结果证据，即使关联性稍欠缺，但如果能够说服仲裁员，仲裁员可能从自由心证角度更偏向艺人方。

身在人人都可着手从事自媒体的时代，周围有太多和经纪公司达成协议，推广营销自己的网红达人，而经纪合同一签，短则一年，多则数十年，往往经纪合同还牵连着竞业限制，如果艺人私自和第三方合作需要支付经纪公司高额的违约金，一旦经纪公司“冷落”艺人，艺人将面临无路可选的难题。这种情况下，艺人就需要找到一个靠谱的律师，为自己指导搜集经纪公司违约的证据，谋划整个解约过程，为迷路的艺人找到出路。

22. 出轨就要赔付 50 万，忠诚协议是否有效？

□ 康文平

【案情简介】

2017 年 8 月，郑某和袁某登记结婚成为合法夫妻，婚后还生育了孩子。2018 年 10 月 20 日，两人签署了一份《婚姻财产协议》，协议内约定双方因婚外情或是与他人同居，家庭暴力或有关系暧昧的异性朋友造成夫妻感情破裂而离婚的，过错方应一次性赔付对方 50 万元，夫妻共同财产平均分割。

2019 年 11 月 3 日晚，袁某与婚外异性在商务酒店内有住宿记录，于是郑某将其告上法院。郑某认为对方在婚姻关系存续期间与其他异性多次保持不正当的男女关系，导致夫妻感情破裂，请求法院判决准予离婚，并且根据之前签订的协议支付 50 万元的赔偿金。

【判决结果】

原告郑某与被告袁某双方签订的《婚姻财产协议》具有法律效力，准予两人解除婚姻关系，根据袁某的经济收入等，酌情判定袁某向郑某支付 5 万元赔偿金。

【律师解读】

《婚姻财产协议》通常被我们称为"忠诚协议"，是夫妻双方自愿制定的有关在婚姻存续期间夫妻双方恪守婚姻法所倡导的夫妻之间互相忠实的义务。如果违反，过错方将在经济上对无过错方支付违约金和赔偿金、放弃部分或全部财产的协议。

对于该协议，司法实践中主要有两种观点：承认该协议属于合法合同；或否认其具有合同的效力。

笔者比较倾向于前一种观点。我国《婚姻法》第四条（《民法典》第一千零四十一条）规定了夫妻间的忠诚义务，但仅是道德层面上的义务，并没有法律规定作出约束。也就是说，即便一方违背了忠诚义务，也不会受到任何惩罚。这明显对无过错方十分不公平，而 忠诚协议的出现正好解决了这一问题。忠诚协议将《婚姻法》的忠诚义务具体化，使得无过错一方在离婚诉讼中可以有凭有据地索要损害赔偿。

不过，需要注意的是，并非所有忠诚协议中的内容都可以得到支持。如婚后不允许与任何异性接触，这种约定明显限制了人身自由，属于无效条款，无法得到法律的支持。

还有一些协议虽然没有侵害到人身自由和权利，却漫天要价，也是无法得到法律支持的。生活中最常见的就是"净身出户"条款，明显对过错方不公平，甚至可能让他们的正常生活都受到影响，此时法院应根据具体情况来限制忠诚协议中的赔偿金额。

结合本案事实来看，郑女士的所求无非就是金钱补偿，并没有侵害另一方的人身自由和权利，应该认定为有效。但索要 50 万元明显超出了其丈夫的能力范围，所以法院可以根据具体情况来降低赔偿金额。

23. 吃“霸王餐”逃跑摔伤，餐馆经营人是否承担责任？

□ 安思霖

【案情简介】

佘某某、李某系夫妻关系，两人经营餐馆。马某等人在佘某某、李某经营的餐馆就餐。李某因发现马某等人未结账即离开，于是沿路追赶。李某看到马某等人，对其呼喊买单，马某等人听到后即分散跑开，其中李某距离马某最近，便紧跟着马某并拨打 110 报警，佘某某此时与李某一同追赶马某。但在逃跑过程中，马某摔伤。经鉴定，马某损伤程度属轻伤二级，住院治疗产生医疗费等支出。马某遂诉至法院，请求判令佘某某、李某赔偿其因被追摔伤所造成的各项经济损失。

【判决结果】

李某、佘某某不对马某摔伤造成的损失承担赔偿责任。

【律师解读】

一、餐馆经营人的行为能否被定性为“自助行为”？

自助行为是指权利人受到不法侵害之后，为保全或者恢复自己的权利，在情势紧迫而不能及时请求国家机关予以救助的情况下，依靠自己的力量，对他人的财产或自由施加扣押、拘束或其他相应措施的行为。自助行为的性质属于私力救济，与紧急避险、正当防卫的性质是相同的。本案中，餐馆经营人向消费者追取餐费的行为，应属于为维护自己合法权益而作出的合理自助行为。自助行为作为正当化事由的根据即在于其是权利人对自己合法权利的自我保护。

二、消费者马某能否向餐馆经营人请求承担赔偿责任？

认定餐馆经营人赔偿消费者马某因摔伤而产生的损失，关键要看其行为是否符合侵权责任的构成要件：违法行为、损害后果、行为与损害后果之间的因果关系。

餐馆经营人看到消费者马某未结账，出门追赶要求马某结账，挽回损失。马某等人不但不结账，反而逃跑，性质恶劣。马某在逃跑过程中摔倒，餐馆经营人跟他没有身体接触，无侵权行为，不构成侵权要件。餐馆经营人在合法权益面临不能实现的紧急情形下，追赶消费者马某要求付款，属于私力救济的自助行为，不具有违法性。从主观上看，餐馆经营人也不具有过错，不符合承担侵权责任的要件。综合来看，餐馆经营人不应承担赔偿责任。

如果对逃单行为造成的损害后果，裁判餐馆经营人员去赔偿，会助长这种违法行为，导致餐馆经营人员不敢私力救济、维权，扰乱社会秩序。

24. 虚构应收账款进行保理融资，债务人能否以基础债权虚假为由对抗保理人？

□ 侯蒙莎

【案情简介】

2013 年 9 月 17 日，原告甲银行与第三人 A 公司签订了一份《综合授信协议》，约定：甲银行向 A 公司提供最高额综合授信额度为人民币 2 亿元整；具体业务包括商业承兑汇票保贴，以及开立信用证、进/出口汇款融资、短期信保融资、有追索权保理等贸易融资业务。

2013 年 11 月 6 日，原告甲银行与第三人 A 公司签订一份《国内保理业务合同》，约定：本合同项下的保理业务类型属于有追索权的明保理；甲银行为 A 公司核定的保理融资额度为人民币 2 亿元整；相关买方为包括本案被告B公司在内的六家公司。

上述《国内保理业务合同》签订后，第三人A公司向原告甲银行提交了其与被告B公司在2012年9月6日签订的《煤炭买卖合同》（复印件）一份（加盖被告B公司合同专用章）、该公司开具的名称为被告B公司的《广东增值税专用发票》五张以及加盖被告B公司公章的《应收账款转让确认书》和《应收账款转让通知确认书》。

2013年10月24日，甲银行的工作人员和A公司的工作人员共同到B公司就案涉保理业务相关应收账款的真实性进行核查。B公司向甲银行出具了（授权代表签字并加盖公章）《应收账款转让确认书》和《应收账款转让通知确认书》，确认在该公司与A公司签署的《煤炭买卖合同》项下，存在应付账款，到期日为2014年3月22日；并声明上述应付账款贸易背景真实、合法和有效，同意将上述应付账款及所有权益全部确认转让给甲银行。

2013年11月8日，原告甲银行为第三人A公司向C公司开出银行承兑汇票四张。上述承兑汇票到期后，因第三人A公司资金未到位，原告甲银行发生上述承兑汇票金额垫款。

2014年4月9日，第三人A公司向被告B公司出具了一份《对甲银行应收账款转让确认书的情况说明》，称2013年10月24日A公司在B公司不知情的情况下，擅自对A公司与B公司签订的《煤炭买卖合同》和付款发票进行更改，将已支付的煤款作为应收账款，以B公司名义对虚假的应收账款转让确认书进行盖章。

2014年4月25日、6月24日，原告甲银行委托律师先后向被告B公司发出《律师函》，催收到期应收账款及利息，被告B公司确认收到上述《律师函》，但以存在虚假合同为由拒绝付款。原告甲银行索款无果，遂向法院提起诉讼，请求判令被告B公司向其支付应收账款及相应利息。

【判决结果】

1. 一审法院判决驳回原告甲银行的诉讼请求。甲银行不服，提起上诉。

2. 二审法院判决驳回上诉，维持原判。甲银行不服，向最高人民法院申请再审。

3. 最高人民法院提审本案，最终判决撤销原一审、二审判决，判令B公司向甲银行股份有限公司支付应收账款及相应利息。

【律师解读】

本案争议主要围绕B公司与A公司之间的煤炭买卖合同关系、A公司与甲银行之间的保理融资合同关系、A公司与甲银行之间的债权转让关系这三个基本法律关系展开。B公司事实上知道A公司变造案涉煤炭买卖合同的行为，并与A公司共同实施欺诈行为，案涉煤炭买卖合同系双方共同通谋实施的虚伪意思表示，依法应当认定为无效合同；但在虚伪表示的当事人和第三人之间，应视第三人是否知道或应当知道该意思表示系虚假而发生不同的法律后果。本案中，甲银行通过充分的背景调查与核实，A公司与B公司共同与甲银行确认了基础债权真实、合法、有效，甲银行已经尽到审慎义务，其有理由相信A公司对B公司享有相应金额的应收账款债权。故而B公司不得以应收账款债权系虚假债权为由对抗甲银行，仍然应当履行其应收账款债务。

对此，2021年1月1日生效的《民法典》合同编第二分编典型合同中，对虚构应收账款的法律后果进行了明确规定：“应收账款债权人与债务人虚构应收账款作为转让标的，与保理人订立保理合同的，应收账款债务人不得以应收账款不存在为由对抗保理人，但是保理人明知虚构的除外。”

保理合同是应收账款债权人将现有的或者将有的应收账款转让给保理人，保理人提供资金融通、应收账款管理或者催收、应收账款债务人付款担保等服务的合同。保理合同具有独立性，在保理法律关系所依据的基础合同不真实时，保理合同并不当然无效，应依据关于合同效力的相关规定，结合具体案件情况作出判定。保理人在与应收账款债权人签订保理合同后，根据保理合同约定提供了保理服务，为了保护保理人的利益，本条规定应收账款债务人不得以应收账款不存在为由对抗保理人。但是，如果保理人明知应收账款债权人与债务人虚构应收账款而签订保理合同，此时，保理人便不具有善意，则应收账款债务人以该应收账款不存在为由对抗保理人而拒绝履行合同的，人民法院应当支持债务人的该对抗主张。

25. 建设工程合同涉及的买卖合同关系纠纷如何审理?

□张　颖

【案情简介】

2011 年 9 月 23 日，原告某建材供应 a 公司与某房地产 b 公司就买卖合同关系产生纠纷。建材供应商 a 公司因已经向某房地产 b 公司提供原材料供应，而房地产 b 公司并未履行其给付材料价款的义务，所以建材供应商 a 公司向法院提起诉讼请求，要求房地产 b 公司给付采购材料价款。与此同时，建材供应商 a 公司与房地产 b 公司之间存在工程承包关系，建材供应商 a 公司将其从房地产 b 公司之处承包而来的部分工程再次发包给案外人施工方。且 b 与 c 之间签订了工程劳务分包协议。建材供应商 a 公司与房地产 b 公司之间已经完成工程结算，b 公司尚欠 a 公司工程价款 8 524 555 元，期间房地产 b 公司已经向 a 公司支付 82 万元，剩余工程款项一直未予支付。建材供应 a 公司数次催要无果后，依据相关法律向房地产 b 公司提起诉讼。

针对现有案情事实，简略概括为以下主要争议焦点，即原告 a 公司以 b 公司为被告，向法院提出以下诉讼请求：（1）偿还采购原材料费用的 1 053 870 元，偿还 8 524 555 元建设工程施工劳务费。（2）由被告承担诉讼费用及保全费。

【判决结果】

1. 法院审理过程中，认为该案涉及两个不同的法律关系，当庭予以释明，并决定于本案中先行解决买卖合同关系。建设工程的工程款部分，由原告另行起诉，另案处理。

2. 双方当事人之间的混凝土买卖合同是真实意思表示，并且不违反法律的效力性强制规定。且原告已经履行其供货义务，被告应当履行给付货款的义务。

3. 对于原告主张的违约金诉讼请求予以支持。

【律师解读】

一、被告 b 公司提出的原告起诉主体不适格的主张不应当予以支持

根据 2005 年施行的《建设工程施工合同解释》第二十五条、第二十六条规定，实际施工人以发包人为被告主张权利的，法院可以追加转包人或者违法分包人为本案当事人。此为合同相对性原理的例外。

即可以理解为在本案涉及的建设工程施工合同中，分包人即使不是实际施工方，仍然可以突破合同相对性起诉发包人。

二、被告 b 公司提出《付款协议书》并非结算文件的主张不应当予以支持

具有双方当事人往来业务的真实意思表示的有效文件，在法律上与结算文件具有同等效力。被告 b 公司应当履行该文件所约定的给付价款的义务。

三、被告 b 公司提出施工方不具备施工资质，从而施工合同无效的主张不应当予以支持

根据《建设工程施工合同司法解释》第一条至第五条规定，建设施工方不具备施工资质的，建设工程施工合同无效，但是建设工程经过竣工验收合格，承包人请求参照合同约定支付工程价款的，应当予以支持。

四、被告 b 公司提出，在原案判决尚未生效的情况下，又针对已经审

理且未撤回的诉讼提起同样的请求属于重复起诉，该主张不应当予以支持

根据《民事诉讼法》相关规定，如果构成重复起诉应当同时符合以下构成要件：（一）后诉与前诉的当事人相同；（二）后诉与前诉的诉讼标的相同；（三）后诉与前诉的诉讼请求相同，或者后诉的诉讼请求实质上否定前诉裁判结果。

而本案中审理法官一再释明本案为买卖合同关系及建筑工程施工合同关系。针对原告提起的工程价款给付的诉讼请求并未进入实质审理。另行起诉并未符合重复起诉的构成要件，所以并不属于重复起诉。

26. 行使履行抗辩权致使合同迟延履行，责任由谁承担？

□ 张印富

【案情简介】

2011 年 6 月 27 日，A 公司、B 公司和 C 公司共同作为甲方与恒大公司（乙方）签订《某置业有限公司股权转让协议》，约定：由恒大公司对某公司的 100% 股权进行收购，乙方采取“包干费”的方式支付甲方合同项下全部款项。第三条：“2. 2011 年 6 月 30 日前，甲方负责依法将持有的 60% 股权（出资额为 1800 万元）变更至乙方。……7. 在乙方支付第三期包干费之前，甲方将项目公司剩余 40% 的股权（出资额 1200 万元）全部转让过户到乙方名下。”第四条：“2. 包干费支付时间：（1）第一期包干费：甲方完成本协议第三条第 2、3 款的义务之日起 3 个工作日内，乙方支付第一期包干费人民币 1 亿元。（2）第二期包干费：在第一次股权过户完成之日起 2 个月内，乙方支付第二期包干费人民币 8035 万元。（3）第三期包干费：在第一次过户完成之日起 6 个月内，且甲方完成本协议第三条第 2 ~ 7 款的义务后，乙方支付第三期包干费人民币 5700 万元。（4）第四期包干费：在第一次股权过户完成之日起9个月内，甲方完成本协议应由甲方完成的全部义务后，乙方支付第四期包干费人民币5712.145万元。"第六条："2. 乙方承诺按照本协议约定的条件、金额向甲方履行包干费的支付义务，但甲方逾期履行本协议约定义务的，乙方的付款义务相应顺延。"第七条："1. 甲方违约：（2）甲方逾期履行义务超过十个工作日的，每逾期一日，按照已付包干费的万分之五向乙方支付违约金。2. 乙方违约：乙方逾期付款超过十个工作日的，每逾期一日，按逾期数额的万分之五支付违约金。"

协议签订后，双方于2011年6月29日进行了第一次股权变更，将凯地公司60%的股权变更到恒大公司名下，恒大公司依约支付了第一期包干费。2012年1月13日，恒大公司支付第二期包干费1200万元；2012年1月16日，恒大公司支付第二期包干费6835万元。2015年8月11日，恒大公司支付第三期包干费3500万元。2013年2月26日，双方进行了第二次股权变更，将凯地公司剩余40%的股权变更至恒大公司名下。

2012年2月23日、2012年7月16日，A公司、B公司和C公司函告D公司，要求恒大公司尽快支付第三期包干费、第四期包干费、第二期包干费相应的违约金。恒大公司回函称，由于甲方并未向恒大公司移交工程发票（约1.141017亿元），因此第三期包干费的支付条件尚未成就，同时，三公司并未依约将剩余40%的股权过户到恒大公司名下，因此，第四期股权转让款的支付条件也尚未成就。

B公司、C公司遂向法院提起诉讼，请求：（1）判决D公司支付股权转让款包干费本金3164.858万元。（2）判决D公司支付第二期股权转让包干费逾期违约金216.945万元；D公司每日按照未付款的万分之五向B公司、C公司支付第三期、第四期股权转让包干费逾期违约金至本金支付完毕之日止（暂计算至起诉之日止为3945.708万元）。

D公司提起反诉，请求：判令B公司、C公司立即向D公司支付逾期进行股权变更登记的违约金3698.1575万元。

【判决结果】

1. 一审判决恒大公司给付招商公司、佳尚公司第三期、第四期股权转让款包干费本金2756.464万元；逾期支付第三期、第四期股权转让款包干费违约金（以2756.464万元为本金，按照每日万分之五的利率标准，从2015年11月10日起计算至付清之日止）；第二期股权转让款包干费违约金201.312万元。驳回恒大公司的反诉请求。恒大公司不服，提起上诉。

2. 二审法院驳回上诉，维持原判。

【律师解读】

本案争议的焦点是B公司、C公司未按照约定办理第二期股权过户，是否属于行使后履行抗辩权？是否构成违约？是否承担违约责任？

一、行使后履行抗辩权的法律依据

后履行抗辩权，又称为先履行抗辩权，是我国《合同法》所独创的一种抗辩制度，所设定的抗辩权是为后履行的一方设定的抗辩权，相比较而言，笔者认为将之称为后履行抗辩权更为合理。

在债务合同中，约定有先后履行顺序的，负有先履行义务的一方当事人未按照合同约定履行义务，负有后履行义务的一方当事人可以此为依据，对抗对方当事人的请求。《合同法》第六十七条（《民法典》第五百二十六条）规定："当事人互负债务，有先后履行顺序，先履行一方未履行的，后履行一方有权拒绝其履行要求。先履行一方履行债务不符合约定的，后履行一方有权拒绝其相应的履行要求。"2020年1月1日起施行的《民法典》第五百二十六条亦规定："当事人互负债务，有先后履行顺序，应当先履行债务一方未履行的，后履行一方有权拒绝其履行请求。先履行一方履行债务不符合约定的，后履行一方有权拒绝其相应的履行请求。"

本案中，根据合同约定"第二期包干费在第一次股权过户完成之日起2个月内，乙方支付第二期包干费人民币8035万元。"双方于2011年6月29日进行了第一次股权变更，将某公司60%的股权变更到D公司名下，D

公司依约支付了第一期包干费。也就是说D公司应当在2011年8月29日前支付第二期包干费，B公司、C公司应当在2011年12月29日前配合办理股权的第二次变更登记，双方当事人存在履行合同义务的先后顺序。但D公司迟至2012年1月16日才支付完毕第二期包干费。依照上述后履行抗辩权的规定，在D公司未按照合同履行其支付第二期包干费的在先义务时，B公司、C公司作为后履行一方有权拒绝履行其办理股权变更登记的合同义务。D公司迟延支付第二期包干费构成违约，除了支付本金外尚需支付违约金，在双方当事人尚未对此协商一致的情形下，B公司、C公司未按照约定时间办理股权变更登记不构成违约，不承担违约责任。

二、实务中行使后履行抗辩权需要注意的问题

第一，后履行抗辩权的有效成立不仅可以对抗合同相对方的履行请求，使对方的请求权消灭，或使其效力延期发生，而且可以排除违约责任的存在，属于法定的抗辩权利，其在诉讼过程中表现为反驳。

第二，后履行抗辩权本质上是一种私权，法院在审理案件中，法官不能主动援引抗辩权，要基于权利人的主张才能发生效力；如果当事人不主动援引抗辩权，则认定为放弃了该抗辩权利，其放弃抗辩权的利益自然归于相对人。对此，当事人尤其要注意。

第三，严格遵循法律规定的条件和程序行使抗辩权，不仅不构成违约，而且行使抗辩权致使合同迟延履行的，迟延履行责任由对方承担。

第四，特别要注意“相应”原则，即一方拒绝履行的部分必须与另一方不符合约定的行为适当，过当不履行，对过当部分也要承担责任。

27. 不规范使用注册商标会有何后果?

□ 董园园

【案情简介】

1949 年 11 月 2 日，国立美术学院成立，1950 年 1 月，更名为中央美术学院，旨在培养高等学历美术人才，促进艺术事业发展。2011 年 12 月 21 日、2016 年 2 月 7 日、2016 年 8 月 14 日，经原国家工商行政管理总局商标局核准（以下简称商标局），中央美术学院取得第 8299440 号、第 11797444 号、第 14744336 号“央美”注册商标专用权，核定使用范围均为第 41 类。

北京央美某原创文化传播有限公司（以下简称央美某公司）于 2011 年 12 月 29 日成立，2013 年 11 月 7 日取得第 11090196 号、第 11096819 号、第 11096808 号“央美某原创”注册商标专用权，核定服务项目分别为第 41 类、第 35 类及第 42 类；2013 年 11 月 14 日，取得第 11090240 号“央美原创”注册商标专用权，核定服务项目为第 42 类。

中央美术学院认为央美某公司在其经营的网站突出使用“央美原创”字样，以及宣传过程中使用“央美原创”“央美 · 原创”字样（简称涉案字样）的行为构成商标侵权行为。同时该公司使用“央美”简称作为其企业名称的行为，构成不正当竞争。故将该公司诉至法院。

【判决结果】

判决央美某公司停止涉案侵权行为；变更企业名称，变更后的企业名称中不得含有“央美”二字；赔偿中央美术学院经济损失共 30 万元、合理费用 3 万元。

【律师解读】

央美某公司在第42类上已申请注册“央美原创”商标，其在网页、宣传中使用上述涉案字样的行为是否构成商标侵权？是否构成不正当竞争？

第一，从注册商标的使用方式看，注册商标的使用应当与注册时的字样、核定范围保持一致。央美某公司在宣传中使用的字样，与“央美某原创”不同，且与“央美原创”核定服务范围不同。

第二，从标识的近似程度看，央美某公司在其网站、宣传过程中使用涉案字样，完整包含了中央美术学院的上述两涉案“央美”商标，两者已构成近似标识。

第三，从服务的类似程度来看，央美某公司主要提供的美术培训服务与中央美术学院享有上述涉案两个“央美”商标核定使用的“安排和组织培训班”等服务在服务目的、内容、方式及服务对象等方面相同，属于相同服务。

第四，从是否足以造成市场混淆方面看，央美某公司作为同地区同行业经营者，仍在多处使用“央美”字样的主观意图难谓正当，具有攀附中央美术学院的“央美”简称、商誉和影响力的主观故意，且客观上也足以导致相关公众的混淆误认，该行为构成不正当竞争。

因此，法院认定央美某公司的上述行为侵犯了中央美术学院的商标专用权，同时构成了不正当竞争。

所以广大经营者不仅要有积极注册商标的意识，更应该有规范使用注册商标的意识。通过使用注册商标，提高商标的知名度，打造属于自己的品牌，让商标为企业的发展起到保驾护航的积极作用。

28. 补充协议能否适用主合同的争议解决条款？

□张　鹏

【案情简介】

2011年7月7日，A公司因与B公司发生工程欠款纠纷到某仲裁委申请仲裁，要求裁令B公司支付工程款及工程款利息。2012年1月6日，仲裁委作出裁决，裁令B公司在收到裁决书之日起十日内向A公司支付工程欠款。后B公司以双方实际履行的协议和补充协议没有仲裁条款，仲裁委对案件进行仲裁错误为由，向法院申请不予执行仲裁裁决。法院认为："双方于2007年11月30日签订的协议虽然没有约定处理争议的管辖方式，但双方于2007年12月8日经过招投标而签订的合同明确约定，双方发生争议由某仲裁管辖，该合同是在行政规章要求下进行的，是依法定程序签订的合法有效协议，应当遵照执行。该合同明确了协议仲裁管辖，故仲裁委对该案具有管辖权，补充协议虽对水电安装和装饰部分造价作了约定，但并未约定争议的解决方式，因此，水电安装及装饰工程等工程造价不属于仲裁协议的范围，但裁决书对这部分工程造价作出了裁决，超出了仲裁裁决范围，裁定不予执行仲裁裁决。"A公司不服，向上级人民法院申诉。

【判决结果】

维持原仲裁裁决。

【律师解读】

首先，根据《中华人民共和国仲裁法》第二十条第二款当事人对仲裁协议的效力有异议，应当在仲裁庭首次开庭前提出。本案中A公司向仲裁委申请仲裁后，B公司并没有在仲裁庭首次开庭前对仲裁协议的效力提出异议，这表明双方认可依照约定选择仲裁委解决双方工程欠款纠纷。

其次，对于补充协议能否适用主合同约定的纠纷解决方式，关键在于主合同与补充协议之间是否具有可分性。结合到本案，为完善条款，双方于2008年3月20日对未尽事宜和可能出现的新问题签订了补充协议，且主合同的主要内容是建筑的施工，补充协议约定的内容则是水电的安装与装饰工程，显然，补充协议中的约定依旧属于建筑施工的范畴，且补偿协议约定："所签补充协议与前签协议有同等效力。"由此可见，本案补充协议是对主合同内容的补充，其无法独立于主合同存在，必须依附主合同，补充协议中水电安装及装饰工程等工程造价属于仲裁协议的范围，并未超出仲裁裁决范围，因此主合同所约定的争议解决条款也适用于补充协议。

最后，为避免此类争议的发生，建议主合同与补充协议的争议方式都需要具体约定，同时因补充协议与主合同往往存在依附关系，因此建议主合同与补充协议约定相同的争议解决方式。

29. 以不正当手段注册商标，国家知识产权局为何宣告无效？

□ 刘云佳

【案情简介】

北京ABCD机器人科技有限公司是全球领先的服务型机器人研发制造及机器人应用解决方案提供商，拥有迄今为止最为广泛的智能服务机器人家庭应用案例。其字号"ABCD"并非我国固有词汇组合，登记使用多年在业内已经具有一定影响力，但一直未在相应商品或服务类别上进行保护性申请。

后发现，沈阳某文化发展公司在第9、7、35类相关商品及服务上注册了"ABCD"商标，遂委托我方提起无效宣告。

无效宣告申请过程中，我方除了提出诉争商标损害ABCD公司在先商号权即适用《商标法》第三十二条外，还对沈阳某文化发展公司名下全部商标进行了全面检索，发现：（1）沈阳某文化发展公司经营范围为“设计、制作、发布各类广告、文化艺术交流、活动策划”等，但其申请注册商标却涉及3、5、7、9、10、19、21、33、35、36、37、41、42等几乎全类别；（2）该公司名下共有121枚商标，名称包括“京都信苑、远通维景、阿斯顿马丁、特拉蒙塔纳、百时美施贵宝、UBTECH、AZIMUT”等，以上名称分别为知名的酒店、汽车、机器人等品牌；（3）该公司对以上商标通过商标转让平台进行公开售卖以此获利。基于以上情况同时提出适用《商标法》第四十四条第一款，认为诉争商标为“以不正当手段获得注册”。

【处理结果】

国家知识产权局审查认为，被申请人申请注册上述商标的行为已明显超出正常的经营需要，具有借助他人商标知名度进行不正当竞争或牟取非法利益的意图。此类非以使用为目的的注册商标行为，扰乱了正常的商标注册管理秩序，有损于公平竞争的市场秩序，违反了诚实信用原则，已构成《商标法》第四十四条第一款所指“以不正当手段取得注册的”情形，对诉争商标宣告无效。

【律师解读】

本案提示我们在对诉争商标提起无效宣告时，除了主张相对条款外还可对诉争商标申请人企业情况、名下商标情况进行全面排查，并在符合条件时主张适用绝对条款，为宣告无效增加更多机会。这样，即使相对条款适用上存在一定弱势条件时，也可通过此绝对条款达到“曲线无效”的最终目的。

商标，是区分商品或服务来源的商业标记，市场主体在生产经营活动中有取得商标专用权需求时应进行申请，且应基于使用目的而申请注册。对于诉争商标申请人包含非正常申请情形的，权利人可以通过对诉争商标申请人名下商标进行全面筛查并从中抽丝剥茧，对其不正当申请情形予以列明，并以此主张《商标法》第四十四条第一款中“以不正当手段获得注册”条款，争取对诉争商标也宣告无效的目的。

另外，2019 年《商标法》已正式实施，第四条中增加了“不以使用为目的的恶意商标注册申请，应当予以驳回”的明确规定。今后在发现诉争商标存在以上情形时，可不再通过《商标法》第四十四条第一款曲线无效，而可直接以《商标法》第四条提起主张。

30. 聊天记录、录音，能让欠款人还款吗？

□ 白小雨

【案情简介】

焦某向法院起诉李某偿还 10 万元本金及利息，焦某向法院描述了如下事实：2013 年 10 月 19 日，李某因做生意急于用款，向焦某借款 10 万元，当时焦某从邮储银行取款 10 万元，直接交给了李某，并约定月利率 2 分。当时双方关系较好，故李某没有出具借据。后焦某多次催要借款未果遂起诉，并提供了 2013 年 10 月 19 日的取现银行流水，李某认可借款的录音光盘、焦某催李某还款的微信聊天记录、证人证言等证据。

李某辩称：（1）焦某不能提供借条、银行转账等直接证据，故该借款根本不存在；（2）焦某主张的借款不符合交易惯例，焦某主张利息，但双方无利息结算或索要借款及利息的相关证据；（3）认可录音是李某本人的声音，但录音内容存在拼凑情况；（4）证人证言相互矛盾，系虚假证言。

【判决结果】

1. 被告李某于本判决书生效之日起十日内给付原告焦某借款 10 万元。
2. 驳回原告焦某的其他诉讼请求（主张的利息）。

【律师解读】

在民间借贷纠纷中，借条可谓是最关键的证据，但实践中很多民间借贷并无借条，只是双方口头约定，甚至现金当场给付。

对于现金交付类民间借贷案件，通常裁判中需要有出借人的取款记录或其他证据证明现金来源，同时法官会结合借款双方的交易习惯、经济条件等判断其现金出借的合理性。

微信聊天记录、录音成为了这类案件中关键的证据。《民事诉讼法》第七十条规定："一方当事人提出的下列证据，对方当事人提出异议但没有足以反驳的相反证据的，人民法院应当确认其证明力：（一）书证原件或者与书证原件核对无误的复印件、照片、副本、节录本；（二）物证原物或者与物证原物核对无误的复制件、照片、录像资料等；（三）有其他证据佐证并以合法手段取得的、无疑点的视听资料或者与视听资料核对无误的复制件；（四）一方当事人申请人民法院依照法定程序制作的对物证或者现场的勘验笔录。"在诉讼过程中如其他证据均可相互印证，结合录音、聊天记录即可形成完整证据链，而借款人否定录音、聊天记录证明力又无法提供相反的证据推翻的，法官会认定录音、聊天记录效力。

结合本案，对焦某的取现记录能够证明 2013 年 10 月 19 日焦某从银行取款 10 万元，对焦某举证的有借款事实的录音，李某认可录音是其声音，但认为录音有可能拼凑，李某未申请对该录音进行鉴定，故认为该录音内容清晰、明确，与其他证据能够相互印证，能够达到其证明目的；对于证人证言，虽然证人陈述的细节有所出入，但证明的主要事实相同，即 2013 年 10 月 19 日焦某从银行取款后，将钱借给了李某，焦某的举证能够证明其于 2013 年 10 月 19 日借款给李某 10 万元，故法院认定李某应偿还焦某 10 万元本金，但焦某未能证明利息存在的事实，故法院对利息不予认定。

31. 被他人收养的子女，能继承生父母的遗产吗？

□ 刘会民

【案情简介】

1968年，张某夫妇生育一对双胞胎兄弟，因家庭特别困难，将其中的双胞胎弟弟送给他人收养，并随收养人姓，取名刘某，收养人到某县民政部门办理了收养登记。2019年8月，张某夫妇因一起严重的交通事故而死亡，死后在某县城留下四间临街门市房。刘某知道后，认为自己是生父母的子女，依法享有继承权，要求平分四间临街门市房。其双胞胎哥哥张小某认为刘某从小被他人收养，与生父母从未在一起生活，早已断绝了父母子女关系，依法不应享有继承权，从而引发纠纷。刘某遂向某县人民法院提起继承纠纷诉讼，请求平分四间临街门市房。

【判决结果】

某县人民法院判决驳回刘某的诉讼请求。

【律师解读】

本案争议的焦点为：被他人收养的子女与生父母的权利义务关系是否因收养关系的成立而消除，刘某是否对生父母享有继承权。

一是被他人收养的子女与生父母关系因收养关系而不复存在，相互之间的继承权也随之消失。《收养法》第二十三条（《民法典》第一千一百一十一条）规定：“自收养关系成立之日起，养父母与养子女间的权利义务关系，适用法律关于父母子女关系的规定；养子女与养父母的近亲属间的权利义务关系，适用法律关于子女与父母的近亲属关系的规定。养子女与生父母及其他近亲属间的权利义务关系，因收养关系的成立而消除。”

《婚姻法》第二十六条（《民法典》第一千一百一十一条）规定："国家保护合法的收养关系。养父母和养子女间的权利和义务，适用本法对父母子女关系的有关规定。养子女和生父母间的权利和义务，因收养关系的成立而消除。"从以上法律规定看，养子女与养父母之间依据法律拟制形成了一种父母子女关系。养父母与养子女之间有扶养、赡养义务，也有相互继承遗产的权利，养子女与生父母之间的权利和义务，因收养关系的成立而消除。就本案而言，收养人到某县民政部门办理了收养登记，收养关系依法成立，刘某与其生父母之间虽然有着血缘关系，但是从法律上讲，刘某自与养父母确立收养关系时起，与生父母就不存在扶养和赡养义务以及继承权。因此，刘某只能继承养父母的遗产，不能继承生父母的遗产。故某县人民法院经审理后，判决驳回刘某的诉讼请求。

二是被他人收养的子女可以继承生父母遗产的两种例外情况：（1）生父母立有遗嘱，将自己部分或全部财产遗赠给被他人收养的子女；（2）养子女在赡养父母的同时，也对生父母赡养较多的，可以分得生父母适当的遗产。《最高人民法院关于贯彻执行继承法若干问题的意见》第十九条规定："被收养人对养父母尽了赡养义务，同时又对生父母扶养较多的，除可依《继承法》第十条（《民法典》第一千一百二十七条）的规定继承养父母的遗产外，还可依《继承法》第十四条（《民法典》第一千一百四十一条）的规定分得生父母的适当的遗产。"《继承法》第十四条规定："对继承人以外的依靠被继承人扶养的缺乏劳动能力又没有生活来源的人，或者继承人以外的对被继承人扶养较多的人，可以分配给他们适当的遗产。"据此，如果养子女还对生父母赡养较多，应根据养子女对生父母所尽义务的多少，分得生父母适当的遗产。

32. 以虚假的意思表示签订的房屋买卖合同，是否有效？

□ 张印富

【案情简介】

原告陈某1与被告陈某2系姐弟关系。2010年3月，任某（出卖人）、陈某1（买受人）与北京某房地产经纪有限责任公司（居间人）签订《居间服务合同》，约定由陈某1购买诉争房屋，房屋成交总价为310万元。同日，任某（出卖人）与陈某1（买受人）签订《北京市房屋买卖合同》，约定陈某1购买诉争房屋，陈某1在签订本合同的同时支付定金20万元，房屋成交总价为310万元。2010年6月，诉争房屋由任某转移登记至陈某1名下，所有权证号为×京房权证昌字第××××号。该房屋过户税费由陈某1支付。同日，陈某1与北京某物业管理公司签订《物业管理服务协议》，交纳了自入住至今的物业管理费。诉争房屋一直由陈某1之子实际居住。

原告陈某1诉称，2010年9月，其基于为孩子购买二套房的考虑，与被告陈某2协商一致将诉争房屋过户到被告名下，双方签订《存量房屋买卖合同》（自行成交版，合同编号：CWxxxxxx），约定：出卖人所售诉争房屋，该房屋所有权证号为×京房权证昌字第××××号；经买卖双方协商一致，该房屋成交价格为人民币89万元。该合同文本共计十四条及七个附件，双方仅在合同第一条至第四条进行了约定，合同第五条至第十四条及七个附件均为制式条款且未对空白内容进行填写补充，对于购房款的支付时间及方式、房屋交付时间及条件、违约责任的承担方式及违约金标准等均未作约定。同日，诉争房屋由陈某1转移登记至陈某2名下，该房屋所有权证书由陈某1持有。

2017年10月，陈某1向法院提出诉讼请求：（1）判决原、被告于2010年9月签订的《存量房屋买卖合同》无效，诉争房屋归原告所有；

（2）判令被告协助原告将诉争房屋过户登记至原告名下（即恢复原状）；

（3）本案诉讼费由被告负担。

【判决结果】

1. 一审法院判决《存量房屋买卖合同》无效；被告陈某2于判决生效后十日内协助原告陈某1将争议房屋过户登记至原告陈某1名下。案件受理费由被告负担。被告不服，提起上诉。

2. 二审法院判决，驳回上诉，维持原判。

【律师解读】

本案的争议焦点是：陈某1与陈某2之间民事法律行为的性质与效力如何认定。

第一，意思表示是指向外部表明意欲发生一定私法上法律效果之意思的行为。探究双方当事人缔约时的真实意思表示，是审查认定涉案民事法律行为性质的基本事实。本案中，原、被告于2010年9月签订自行成交版《存量房屋买卖合同》，依常理双方之间应存有交易诉争房屋的意思表示及相应的履约行为。但双方对购房款支付的时间及方式、房屋交付的时间及条件、违约责任的承担方式及违约金标准等重要合同条款均未约定。被告在未进行交易对价给付的情况下，缔约当日即完成了房屋转移登记手续，此举与房屋买卖的交易习惯不符。综合分析可以认定双方不存在真实的房屋买卖行为，而是形成了借名登记。即二人的内心意思与外部的表示行为并不一致，双方合作完成了通谋虚伪行为，形成了真实与虚假两项意思表示。虚假的房屋买卖意思表示浮现于表面，真实的借名登记意思表示则被隐藏于内。

第二，原、被告之间民事法律行为的效力。依据《中华人民共和国民法总则》第一百四十六条（《民法典》第一百四十六条）规定，行为人与相对人以虚假的意思表示实施的民事法律行为无效。以虚假的意思表示隐藏的民事法律行为的效力，依照有关法律规定处理。也就是说，本案中，原、被告针对诉争房屋的买卖系虚假的意思表示，双方签订的《存量房屋买卖合同》无效。双方隐藏的民事法律行为系借名登记行为，该行为如不违反法律、行政法规的强制性规定，应属有效。

第三，行为人与相对人以虚假的意思表示实施的民事法律行为无效后，所取得的财产应当如何处理？根据《民法总则》第一百五十七条（《民法典》第一百五十七条）规定，民事法律行为无效后，行为人因该行为取得的财产，应当予以返还。《合同法》第五十八条（《民法典》第一百五十七条）亦规定，合同无效后，因该合同取得的财产，应当予以返还。基于无效行为办理的案涉房屋变更登记应予更正，原告要求确认房屋合同无效及恢复登记的诉讼请求，有法律依据。

第四，以虚假的意思表示隐藏的民事法律行为效力，依照有关法律规定处理。本案中显现的行为人以虚假的意思表示签订的房屋买卖合同无效，但并不必然导致所隐藏的借名登记行为无效。在不违反法律禁止性强制性规定的情况，原告要求被告按照双方借名登记协议约定，配合办理房屋变更登记至原告名下，符合法律规定。北京市高级人民法院《关于审理房屋买卖合同纠纷案件适用法律若干问题的指导意见（试行）》第十五条第一款规定：“当事人约定一方以他人名义购买房屋，并将房屋登记在他人名下，借名人实际享有房屋权益，借名人依据合同约定要求登记人（出名人）办理房屋所有权转移登记的，可予支持。”

33. 房产抵押合同没有配偶签字，抵押合同生效吗？

□ 王光华

【案情简介】

原告林某与被告黄某甲于2011年1月18日签订一份借款合同，合同约定：林某借给黄某甲人民币120万元用于资金周转，借款期限自2011年1月20日起至2011年7月19日，借款利率以月利率1.5%计算。同日，另一被告黄某乙与林某签订一份抵押担保合同，约定黄某乙以其自有的位于潮安县彩塘镇粤房字第XXX号房产为黄某甲的上述借款提供抵押担保，黄某乙在抵押合同上签了字，但抵押合同上没有其配偶的签字。合同签订后，原告于2011年1月20日向被告黄某甲交付借款人民币120万元，被告黄某甲当场立借条交原告存执。借款期限届满后，因被告黄某甲没有偿还原告借款本金及利息，原告遂于2013年1月21日向法院起诉，请求：(1）被告黄某甲偿还所欠原告借款120万元及利息；(2）被告黄某乙对上述借款及利息承担抵押担保偿还责任；(3）本案诉讼费由被告承担。

被告黄某乙向法院抗辩：请求法院依法确认本案的抵押无效，因该抵押房产属于夫妻共同财产，设立抵押时没有取得被告黄某乙妻子的同意，属于越权抵押，故应依法认定该抵押无效。

【判决结果】

被告黄某甲于本判决发生法律效力之日起十日内付还原告林某借款人民币120万元及利息；被告黄某乙在抵押房产价值范围内对被告黄某甲的上述债务承担连带清偿责任。

【律师解读】

该案涉及签订抵押合同时共同产权人另一方未签字的情形，在现实中比较常见。

《中华人民共和国物权法》第九十七条（《民法典》第三百零一条）规定：“处分共有的不动产或者动产以及对共有的不动产或者动产作重大修缮的，应当经占份额三分之二以上的按份共有人或者全体共同共有人同意，但共有人之间另有约定的除外。”另《中华人民共和国担保法》第五十四条第二款规定：“共同共有人以其共有财产设定抵押，未经其他共有人的同意抵押无效”。

依据上述两条法规，本案的抵押合同是无效的，现实中也有许多类似情况，抵押合同未经共有人另一方签字而认定无效的情况。但是我国法律中另外规定了一种情形，善意取得制度，即在符合特定情形下，抵押合同即使未经共有产权人另一方签字，合同也有效：（1）出让人无权处分；（2）受让人受让该不动产或者动产时是善意的；（3）以合理的价格转让；（4）转让的不动产或者动产依照法律规定应当登记的已经登记，不需要登记的已经交付给受让人。

结合本案，原告林某与被告黄某乙签订抵押担保合同，是当事人的真实意思表示，其内容并不违反我国法律法规的禁止性规定。因黄某乙提供抵押房产的产权证上记载的所有权人为黄某乙一人，原告有理由依据该房屋所有权证而相信该房产的所有权人为黄某乙一人，原告基于对该房屋所有权证登记记载事项的信赖而签订抵押担保合同。因此，应认定原告与被告黄某乙订立合同是善意且没有过失，应当认定抵押合同有效。

34.《芈月传》小说抄袭案，二审法院为何驳回上诉人的请求？

□ 董园园

【案情简介】

近日，北京知识产权法院审理的东阳市某花儿影视文化有限公司（简称花儿影视公司）与蒋某、浙江某出版社、北京某图书大厦著作权纠纷一案做出了终审判决。自此，“《芈月传》小说抄袭同名剧本”一案终落下帷幕。

花儿影视公司与蒋某签订《电视剧剧本创作合同》，该公司聘任蒋某担任电视剧《芈月传》的编剧，按照合同约定，花儿影视公司享有剧本等著作权，蒋某享有编剧署名权。而由蒋某创作、浙江某出版社出版发行、某图书大厦销售的《芈月传》小说是对该同名剧本的改编，三被告在该侵权行为中获得了巨大的不当收益，构成了共同侵权。

故花儿影视公司向北京市海淀区法院提起诉讼，请求法院：（1）判令蒋某和浙江某出版社立即停止出版、发行《芈月传》小说；（2）判令蒋某和浙江某出版社连带赔偿原告因侵权遭受损失人民币2000万元；（3）判令某图书大厦立即停止销售《芈月传》小说；（4）判令蒋某、浙江某出版社、某图书大厦承担花儿影视公司为本案支出的合理费用共计人民币504 422.4元。

【判决结果】

1. 一审判决驳回原告东阳市某花儿影视文化有限公司的全部诉讼请求。花儿影视公司不服一审判决，向北京知识产权法院提起上诉。

2. 二审判决驳回上诉，维持原判。

【律师解读】

本案中，花儿影视公司在上诉理由中主张一审法院未适用“接触加实质性相似”规则进行判断而对双方合同进行认定显属错误。《芈月传》剧本并非由蒋某一人独自完成，而是由剧组共同创作完成，再加之《芈月传》小说与同名剧本情节相似性高达62.85%，构成了实质性相似，符合“接触加实质性相似”规则，因而认为应当适用该规则，认定由浙江某出版社出版发行的、署名作者蒋某的《芈月传》小说是对同名剧本的改编，进而应构成侵权。

在此对该公司提出来的“接触加实质性相似”规则作出进一步的分析：

一、本案为何不适用“接触加实质性相似”规则?

法院认为在双方有合同约定的前提下，小说与剧本的权利归属取决于合同的约定。只有先明确双方合同约定的权利义务边界，才能判断被诉侵权人是否属于履行合同的范围。因为一旦认定双方签订的合同对权利归属进行了约定则根本没有适用“接触加实质性相似”规则的必要。

二、何为“接触加实质性相似”规则?

所谓的“接触加实质性相似”规则，是指在一般的侵害著作权纠纷审理中，首先应当对被诉侵权作品是否使用了权利作品进行判断。当先后两部作品构成实质性相似，且在后作品的作者具有接触在先作品的可能性，则可以推定被诉侵权作品并非独立创作而成，可以基本判定侵权行为成立。

但是，“接触加实质性相似”规则只是确定被诉侵权作品是否构成对权利作品使用的一种盖然性判断方法，不能仅因为有了接触和相似就直接认定对方侵犯其著作权。

35. 遭遇高空抛物，应该如何索赔？

□ 高晓禾

【案情简介】

2018 年 9 月 23 日 14 时 40 分，原告与邻居王某一起到城北区某小区办事，途经该小区 7 号楼时，两人在该楼北头稍作休息，突然一袋建筑垃圾（袋内为石膏线）从楼上抛下，将原告砸伤，其邻居随即报警，并将原告送往 × × 市 × × 人民医院检查治疗。经诊断原告为颈椎骨折，右手第五根手指远端骨折，顶部头皮血肿，左上臂软组织挫伤，住院治疗 14 天，因家庭经济困难无奈出院。原告认为有五户很可能具有高空抛物的危险行为，已给原告造成巨大损失，故诉至法院，要求判令各被告连带补偿误工费、护理费、营养费、住院伙食补助、伤残补偿金等共计 133 094 元。

被告一答辩意见：原告所述不属实，事发当天我家已装修完毕，当时正在擦地板，原告受伤后来我家敲门，我才知道原告受伤，但装修垃圾并不是我家的；被告二答辩意见：事发时我家房屋已装修完毕入住，不可能产生建筑垃圾，且当天我并不在家，原告受伤与我无关；被告三答辩意见：事发当日我家装修并没有进行吊顶作业，不可能有石膏线，原告受伤与我无关；被告四答辩意见：事发时我家并未装修且不在家中，原告受伤与我无关；被告五答辩意见：我家于 2018 年 9 月 14 日就装修完毕入住，不可能产生建筑垃圾，原告受伤与我无关。

【判决结果】

1. 被告一向原告支付补偿金 127 448 元。
2. 驳回原告其他诉讼请求。

【律师解读】

《侵权责任法》第八十七条（《民法典》第一千二百五十四条）规定：“从建筑物上抛掷物品或者从建筑物上坠落的物品造成他人损害，难以确定具体侵权人的，除能够证明自己不是侵权人的外，由可能加害的建筑物使用人给予补偿。”本案中，各被告对房屋享有占有、处分、使用、收益的权利，上述五户作为房屋所有权人以及实际使用人均具有加害可能，列为本案被告，符合法律规定，是适格主体。

本案是由高空抛掷的袋装垃圾致人受伤所引发，属于高空抛物侵权责任纠纷。原告在该小区7栋3单元西侧楼底受伤，从理论上看该单元2楼及以上3、4、5、6号西侧住户均有加害可能和部分控制风险的义务，在无法确认实际侵权人的情况下，原告主张按户承担责任，具有事实和法律依据。各被告除非有充分证据证明事发时业主及家人不在建筑物中或对致害物石膏线的产生并不具备实施条件，否则依据《最高人民法院关于适用〈中华人民共和国民事诉讼法〉的解释》第九十条，当事人对自己提出的诉讼请求所依据的事实或者反驳对方诉讼请求所依据的事实，应当提供证据加以证明，但法律另有规定的除外。当事人未能提供证据或者证据不足以证明其事实主张的，由负有举证证明责任的当事人承担不利的后果。各房屋业主并不当然免除补偿责任。

本案在事故发生后，公安机关办案人员在接到报警后，亦当场进行处置，并与原告邻居前往各住户家中进行勘验，仅有执法记录仪记录的录像，但未采取科学技术检测或试验对抛掷物进行比对来确定涉案抛掷物可能产生的楼层及住户，无法以此确定实际侵权人或排除其他住户加害的可能。本案中，致害人可能仅为一人，但对于并未真正实施抛掷行为的使用人来说，承担补偿责任不公平，同时，因时间跨度等客观原因，无法通过实地勘察等手段查明案件真相，仅能够在有亲历者目击整个事故经过及结合公安机关的执法记录录像，运用逻辑推理、辩证关系等方法，依靠生活经验、结合抛掷物来源及与各住户家装比对等，对当事人提供的证据进行综合判断，并依照法律的规定，推断最大可能接近客观的法律事实。

本案中，原告邻居王某作为本案的见证人，符合本案证人资格。依据证人王某的证言、公安机关执法记录仪所拍摄的录像及本院实地勘察所拍摄的比对照片推断以下法律事实：

1. 事发时，该单元开窗的仅为五楼被告一家，该窗口与事发地成垂直线，从理论上四楼、五楼均有抛掷建筑垃圾的可能。公安机关办案人员到场后，先与证人王某前往四楼、五楼进行查勘，确认五楼被告一已装修且正在对家装产生的垃圾进行清理，经比对其家装屋顶石膏线与抛掷物石膏线花纹、大小均一致，该事实与本院前往其家中进行比对照片确认一致的事实相印证，不能排除其进行抛掷的可能。

2. 事发时，四楼被告三本人未在家中，公安机关勘察时其家中工人正在铺设地板砖，并未进行屋顶石膏线的装修，产生石膏线垃圾的可能及抛掷行为基本可以排除。

3. 在公安机关现场勘察时已确认该单元左侧六楼被告二、三楼被告四家中无人，经事后比对，六楼家装屋顶石膏线花纹与抛掷物石膏线的花纹有很大差异，结合两人不在家中亦可排除两住户家中产生石膏线垃圾及抛掷行为。

4. 公安机关虽未对二楼住户被告五家进行查勘，但证人王某证实：事发时其进入该住户家中进行查看，该住户家已装修完毕并已入住，经本院进行比对，其家中石膏线花纹虽与抛掷物花纹相符，但大小不一致。结合原告伤残状况及该住户楼层与地面的距离，亦可排除该住户抛掷行为。

综上，推断五楼被告一应为实际侵权人，基本排除被告二、三、四、五加害的可能。

高空抛物，这种行为不仅是不文明、不道德的行为，同时具有较大的危险性，在一定空间和范围严重影响了公众的生命财产安全。鉴于该类行为侵权责任人通常难以查明，为了规范该类行为，立法者将建筑物的实际使用人规定为该类行为造成损害的承担者，有利于促进建筑物实际使用人、所有权人相互监督，自我约束和规范自身行为，积极履行对建筑物等相关物品的维护、维修、存放等注意义务，在深层次上可以提高民众的自律意识和维护公序良俗，进而预防和避免高空抛物致人损害。

36. 酒驾是否属于商业三责险的免责事由？

□张　颖

【案情简介】

2020年1月25日18时20分许，吕某驾驶轿车沿肖官营乡间路由南向北行驶至高固路胡娄集村口时，与由南向北行人原告潘某发生刮撞，造成原告潘某受伤，轿车损坏的交通事故。在此次交通事故中，根据某市公安局交通警察大队出具的道路交通事故认定书认定：吕某承担全部责任，潘某无责任。交通警察大队认定吕某违反了《中华人民共和国道路交通安全法》第二十二条第二款规定：“饮酒、服用国家管制的精神药品或者麻醉药品，或者患有妨碍安全驾驶机动车的疾病，或者过度疲劳影响安全驾驶的，不得驾驶机动车。”以及第四十二条第二款规定：“夜间行驶或者在容易发生危险的路段行驶，以及遇有沙尘、冰雹、雨、雪、雾、结冰等气象条件时，应当降低行驶速度”。事故发生后，原告潘某在医院治疗被诊断为：急性重型闭合性颅脑损伤、脑内血肿、脑挫裂伤、硬膜下出血、颅骨骨折、头皮挫裂伤和肺部感染。住院期间由此产生的所有费用目前均由原告自行垫付。

根据本案查明的情况，车辆的所有权人是郎某，系吕某的母亲，并且轿车的保险公司是中国人民财产保险股份有限公司某市分公司且投保了交强险和商业第三者险。事故发生时，车辆在保险期限之内。因此特提起诉讼。

【判决结果】

1. 中国人民财产保险股份有限公司某市分公司于判决生效后十日内赔

偿原告潘某各项损失共计12万元。

2. 吕某于本判决生效后十日内赔偿原告潘某各项损失共计574 269元。

3. 郎某于本判决生效后十日内赔偿原告潘某各项损失共计181 115元。

【律师解读】

一、酒驾是否属于商业三责险的免责事由？

笔者认为酒驾不属于商业三责险的免责事由，理由如下：

第一，依据《中华人民共和国保险法》第十七条："订立保险合同，采用保险人提供的格式条款的，保险人向投保人提供的投保单应当附格式条款，保险人应当向投保人说明合同的内容。对保险合同中免除保险人责任的条款，保险人在订立合同时应当在投保单、保险单或者其他保险凭证上作出足以引起投保人注意的提示，并对该条款的内容以书面或者口头形式向投保人作出明确说明；未作提示或者明确说明的，该条款不产生效力。"最高人民法院《关于对〈保险法〉第十七条规定的"明确说明"应如何理解的问题的答复》中，免责条款除在保险单上提示投保人注意外，还应当对有关免责条款的概念、内容及其法律后果等，以书面或口头形式向投保人或其代理人作出解释，以使投保人明了该条款的真实含义和法律后果。即免责条款要产生法律效力，除双方当事人之间合同约定并作出足以引起投保人注意提示外，还必须"明确说明"。因为提示性文字只能引起投保人对该条款的注意，如果保险人未对责任免除条款作出合理解释，即使投保人注意，也不一定能够领会其真实含义。因此，中国人民财产保险股份有限公司某市分公司虽已提供免责条款，用以证实双方之间就免责情况有过约定外，还应提供已作出"明确说明"的相关证据。

第二，因责任保险的保险标的是被保险人致人或财产损害而应当承担的损害赔偿责任，其性质是为第三人的保险，转嫁的是责任风险，其最终保护的对象不是被保险人，而是因被保险人的行为而遭受损害的第三者人身及财产，由保险公司在承保额限范围内直接对受害人进行赔付，既保护了受害者和肇事者双方的权益，又节约了诉讼成本，减少当事人的诉累。

第三，保险合同签订方承保保险公司与投保人，受相关合同条款约束的应是合同相对方，而不应是合同之外的第三方，吕某属于保险合同之外的第三方，不应受被告中国人民财产保险股份有限公司某市分公司免责条款的约束。

二、多等级伤残如何计算？

伤残者的实际赔偿金额 = 受诉法院所在地上一年度城镇居民人均可支配收入或者农村居民人均纯收入 ×20 年 ×（多个伤残等级中最高的伤残赔偿指数 + 伤残赔偿附加指数 1 + 伤残赔偿附加指数 2 + ……伤残赔偿附加指数 n）×赔偿责任系数。

本案中，某市人民法院委托 A 司法医学鉴定中心于 2020 年 7 月 28 日至 8 月 5 日对申请人的伤残等级进行鉴定和误工期、护理期、营养期进行鉴定。根据鉴定意见结果显示：被鉴定人潘某重型闭合性颅脑损伤致右侧上、下肢肌力 2 级，已构成二级伤残；重度颅脑损伤开颅术并切除部分脑组织，已构成九级伤残。其损伤后误工期评定为 185 日、护理期评定为 185 日、营养期评定为 185 日。2020 年河北省城镇居民人均可支配收入为 35 738 元/年，事故发生时，潘某 55 周岁。潘某有两处伤残，其中最高的二级伤残对应的赔偿指数为 90%，另一处伤残取伤残附加指数，九级伤残附加指数为 3%。另外，因潘某无责任，对方承担 100% 责任，即对方应承担 100% 的赔偿责任，赔偿责任系数就为 100%。因此根据计算公式，潘某应得的残疾赔偿 = 35 738 元 ×20 ×（90% + 3%）×100% =664 727 元。

37. 知假买假，可以要求支付十倍赔偿金吗？

□ 李 韬

【案情简介】

某科技有限公司在某电商平台开设店铺售卖食品。魏某明明知道其所购买的风干牛肉包装标签上未标明该商品的生产者名称、地址等基本信息，仍在该店铺一次性购买了风干牛肉 20 袋，总共花费 1000 元。魏某收货后拆封 10 袋风干牛肉用以食用。魏某遂以某科技有限公司销售的预包装食品包装标签未标明生产者名称、地址等基本信息为由，请求该公司返还价款并支付价款十倍的赔偿金。

【判决结果】

某科技有限公司向魏某返还价款并支付价款十倍的赔偿。

【律师解读】

首先，根据《中华人民共和国食品安全法》第六十七条“预包装食品的包装上应当有标签。标签应当标明下列事项：（一）名称、规格、净含量、生产日期；（二）成分或者配料表；（三）生产者的名称、地址、联系方式；……”的规定，确定本案某科技有限公司销售的风干牛肉为不符合食品安全标准并被禁止生产经营的食品。其次，《食品安全法》第九十六条规定：“违反本法规定，造成人身、财产或者其他损害的，依法承担赔偿责任。生产不符合食品安全标准的食品或者销售明知是不符合食品安全标准的食品，消费者除要求赔偿损失外，还可以向生产者或者销售者要求支付价款十倍的赔偿金。”本案中该科技公司作为经营者，应该知道所售商品应标明生产者名称、地址等基本信息，且该公司也未证明其尽到了必要的审查义务，有违诚信经营，应认定其明知该产品不符合食品安全标准却仍然销售，魏某要求某科技有限公司支付价款十倍赔偿金的诉讼请求于法有据，应当予以支持。

职业打假人已不是什么新鲜词，但各界对其看法却褒贬不一。有的不认同这种职业打假行为，认为他们这是钻法律空子，甚至有人指责这种行为涉嫌敲诈勒索。有的支持职业打假人，认为消费者本身在交易过程中处于弱势地位，需要法律赋予消费者更多的权利。

目前不认可职业打假人的观点，主要是认为以索赔为目的的"知假买假"者不是消费者，因为《消费者权益保护法》第二条规定的消费者是"为生活消费需要购买、使用商品或接受服务"的个人。但事物都有其两面性，如果不是那些不法分子知假造假、知假售假，职业打假人哪来的机会知假买假呢？知假买假本身就是打假，在客观上有助于给造假者威慑，从这个角度出发，有利于规范市场秩序。

《最高人民法院关于审理食品药品纠纷案件适用法律若干问题的规定》第三条明确规定，因食品、药品质量问题发生纠纷，购买者向生产者、销售者主张权利，生产者、销售者以购买者明知食品、药品存在质量问题而仍然购买为由进行抗辩的，人民法院不予支持。

最后还是希望经营者能诚信守法经营，营造安全放心的消费环境，从源头做到有效保护消费者的合法权益。

38. 羽绒服款式相同构成侵权吗？

□ 董园园

【案情简介】

北京某服装有限公司（简称某公司）主张其依法享有编号为2013年594723、2016年644402款等服装设计图、服装样板及辅料编号B152503号花型面料的著作权。

该公司发现由某羽绒服装有限公司（简称某羽绒服公司）生产，北京市某羽绒服贸易有限公司（简称北京某羽绒服公司）、上海某羽绒服电子商务有限公司（一审中撤回对该公司的起诉）对外销售的多款产品与其经典款式商品及面料构成了实质性相似，明显属于恶意抄袭、剽窃其设计。其中，某羽绒服公司款号为B1601332H的羽绒服涉嫌侵犯其款号为594723的羽绒服著作权，某羽绒服公司款号为B1601250的羽绒服涉嫌侵犯其款号为644402的羽绒服著作权。且上述三公司的行为在构成著作权侵权的同时也构成了不正当竞争。于是，某公司向北京市某人民法院依法提起诉讼。

【判决结果】

1. 一审法院判决驳回北京某服装有限公司的全部诉讼请求。某公司不服该判决，向北京知识产权法院提起上诉。

2. 二审法院经过审理，判决驳回上诉，维持原判。

【律师解读】

本案争议焦点为某公司是否依法享有款号为594723、644402的羽绒服及其设计图著作权，某羽绒服公司是否构成不正当竞争。

下面针对这两个问题进行简要分析。

一、某公司主张权利的上述两款羽绒服及其设计图是否构成美术作品？服装样板图是否属于图形作品？

一审法院认为羽绒服仅作为普通服装，系实用品，不能作为美术作品受到著作权法的保护。若将普通服装的成品均纳入著作权法保护的范围，则既不利于服装行业的发展，又不利于社会公共利益的保护。因而，涉案两款羽绒服并不能够作为美术作品受到著作权法的保护。

该公司涉案服装的服装设计图、样板图体现出作者个性化的选择和安排，具有独创性，属于作品。但应当属于美术作品还是图形作品呢?

图形作品，是指为施工、生产绘制的工程设计图、产品设计图，以及反映地理现象、说明事物原理或者结构的地图、示意图等作品。其属于科学领域，主要服务于实用功能。而美术作品，是指绘画、书法、雕塑等以线条、色彩或者其他方式构成的有审美意义的平面或者立体的造型艺术作品。本案中，某公司主张权利的两款服装设计图、样板图均是为了进行服装生产而绘制，主要功能并不在于通过图形本身带给人美的享受，故均属于图形作品而不属于美术作品。

二、关于某羽绒服公司和北京某羽绒服公司的行为是否构成不正当竞争?

这也是二审中的争议焦点。某公司在上诉理由中称应当适用《反不正当竞争法》第二条，但该条作为原则性条款，其适用应当受到严格限制。只有在被诉行为不属于反不正当竞争法第二章列举的具体不正当行为，也不属于其他专门立法予以调整的前提下，该条才有适用的空间。

二审法院认为两公司的行为也不属于《反不正当竞争法》第六条第（四）项规定的情形，又因现有证据并不能证明两公司的行为违反了法律和商业道德，也不适用第二条规定。

39. 犬牵引绳绊倒老人致其身亡，谁应承担责任？

□ 杨诚远

【案情简介】

2020 年 8 月 17 日 17 时 17 分许，广东省某镇一女子小月（化名，12 岁）正在街上遛一只萨摩耶（白色大型犬），随后，该萨摩耶看见另一只无人牵引的狗后与其奔跑追逐，因小月力量不够导致萨摩耶脱离她的牵引，两只狗在追逐途中，萨摩耶所戴的牵引绳将一名老人麦某（88 岁）绊倒在地。麦某被绊倒后俯面摔下。

十多分钟后，医生赶来给老人做胸部按压，按压持续了五六分钟。随后，救护车赶到，老人被送往医院抢救。但不幸的是，麦某最终因抢救无效死亡。

【处理结果】

某镇政府认定："初步判断该事件为意外事件。"某镇政府联络麦某家属、小月及家属、萨摩耶主人罗某进行沟通后，麦某家属表示不会追究责任，也没有要求赔偿。

【律师解读】

首先，本案是无法构成刑事案件的。小月今年 12 岁，根据我国《刑法》第十七条刑事责任年龄的相关规定，小月因未满 14 岁故不能构成刑事责任承担主体。

从客观事实上分析，政府认定这是一起意外事件。根据我国《刑法》第十六条不可抗力和意外事件的规定："行为在客观上虽然造成了损害结果，但是不是出于故意或者过失，而是由于不能抗拒或者不能预见的原因所引起的，不是犯罪。"本案在客观上造成了老人意外过世的损害结果，但是小月并无造成这种客观损害结果的故意或过失。

小月没有犯罪故意是很明显的，但是有人不禁会问，难道导致萨摩耶逃脱不存在疏忽大意的过失吗？这里笔者认为小月是不构成过失的，意外事件与疏忽大意的过失的最大区别在于意外事件是行为人对损害结果的发生不可能预见、不应当预见而没有预见，而疏忽大意的过失则是行为人对行为发生危害结果的可能性能够预见、应当预见，只是由于疏忽大意才没有预见。小月无法预见到自己私自牵引萨摩耶会产生萨摩耶因追逐另外的狗而挣脱导致牵引绳绊倒老人的结果，因此笔者认为将本案认定为意外事件是没有异议的。

再者，本案虽无法构成刑事案件，但本案能否构成民事案件呢？笔者的意见是小月与萨摩耶的主人罗某应当承担民事责任。根据我国《侵权责任法》第七十八条有关饲养动物损害责任的一般规定：“饲养的动物造成他人损害的，动物饲养人或者管理人应当承担侵权责任，但能够证明损害是因被侵权人故意或者重大过失造成的，可以不承担或者减轻责任。”和第八十三条有关因第三人过错导致的动物致害责任的一般规定：“因第三人的过错致使动物造成他人损害的，被侵权人可以向动物饲养人或者管理人请求赔偿，也可以向第三人请求赔偿。动物饲养人或者管理人赔偿后，有权向第三人追偿。”小月和萨摩耶的主人罗某应当承担民事责任，同时老人家属也可以要求她们进行赔偿。但是最终老人家属并未追究小月及罗某的责任，也没有要求赔偿。

本案虽然并不能构成刑事案件，也没有构成民事纠纷，但是笔者认为本案对于类似的饲养动物所可能引发的问题有着深刻的警示作用。其实佛山市对于养犬已经有明确规定，根据 2021 年 3 月 31 日批准的《佛山市养犬管理条例》第二十条第五款的规定：“应当由完全民事行为能力人牵领或者携带犬只。”可见，牵领犬只应当是由完全民事行为能力人去做，而小月私自牵走罗某饲养的萨摩耶犬已经违反了该条例的规定，由此可见光有相关法律法规是远远不够的，为了避免今后再发生这样的不幸意外，各地在完善相应的养犬规定的同时还要加大相关内容的实施力度与教育推广力度，这才是解决此类问题的根本之法。

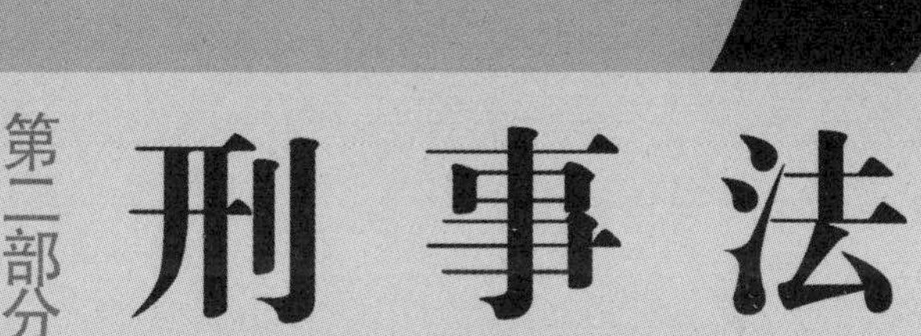

第二部分 刑事法

40. 检察院不起诉，邓某某涉嫌非法采矿为何无罪?

□ 曹彤龙

【案情简介】

2014 年年初，班玛某某、某红、邓某某、陈某商议后，在××乡××牧委会三社集体草场开设砂场，由某红、班玛某某两人负责征地，邓某某、陈某两人负责引进机械设备，某红、班玛某某从出售的每方砂子中分红，邓某某、陈某将砂子卖于××公路 DJ9 标，从中获得利益达200 万元。2014 年 5 月，邓某二与某红、班玛某某商议开设砂场，邓某二负责设备人员，由班玛某某、某红负责征地，从出售的砂子中分红，之后三人在××县××乡××沟牧民某然家的草场开设砂场，将采挖的砂子卖于某集团路桥工程有限责任公司某某公路 DJ16 标。砂场开设数月后，邓某二将该砂场转让给邓某某、某云，二人与某红、班玛某某继续合作采砂。经 DJ16 标项目经理部证实邓某某等人获得利益 1020.5 万元。此外，邓某某、某云、杨某某与某红、班玛某某以同样的方式在××县××乡开设砂场 2 处，进行采砂。向某集团有限公司某某公路 DJ13 标项目经理部、××路桥建设有限公司某某公路 DJ11 标项目经理部供砂。经××公路 DJ11 标项目经理部证实邓某某先后多次获得利益 479381.07 元；××公路 DJ13 标项目经理部证实邓某某先后多次获得利益 228 万元。综上，邓某某涉案总金额 1448.5 万元。本案由某某县公安局侦查终结，邓某二、邓某某、某云、陈某、杨某某涉嫌非法采矿罪于 2019 年 11 月 18 日移送××县检察院审查起诉。

2019 年 12 月 18 日，本人接受邓某某的委托，担任其审查起诉阶段及审判阶段的辩护人。

【处理结果】

本案退回补充侦查两次，延长审查期限一次。最终检察院对被告人邓某某作出不起诉决定。

【律师解读】

1. 为××公路提供砂石料的加工场有120余家，仅××县内就有24家，在采砂行为一致，且均未办理采矿权许可证的情况下，为何仅追诉案涉的邓某某等人？侦查机关完全违背了刑法适用一律平等的刑法基本原则，属于严重选择性执法。

2. 最高人民法院批复及相关政府部门文件已经明确，公路项目砂石只要不在本项目以外的流通领域进行营利，无须办理采矿权许可证，且采矿的相关手续的申请义务主体是建设单位。

3. 犯罪嫌疑人邓某某将砂石料出售给××高速公路项目并依法纳税的行为是××县自然资源局认可的行为，不是犯罪行为。

4.《宁某司鉴字〔2019〕第X号鉴定书》的鉴定机构不具备鉴定矿产资源的鉴定资质且鉴定内容不客观真实，不能作为定案的依据。

本案是一起当地的为数不多的涉恶案件，因为当时地广人稀，经济不是很发达，刑事案件自然很少，涉恶案件更少。本案涉案人员众多且涉案金额特别巨大，所以在当地是比较有影响的案件。在刚接手本案时，笔者查阅了大量的该类案件，没有查到无罪案例。没有调阅卷宗仅听嫌疑人家属的陈述时，笔者并没有做无罪辩护的打算。但当笔者会见被告人且阅完卷宗后，笔者打算做无罪辩护！除了案件本身的定性及公安机关的证据不扎实外，笔者很幸运地遇到了一个负责任的检察官。他能够耐心地面对面听笔者表达对本案的观点，在电话交流的过程中笔者也能觉察到他认真地阅读了笔者写的意见书。维护社会的公平与正义，是法律工作者的职责与使命。

41. 董某涉嫌侵犯公民个人信息罪，为何撤回起诉？

□ 袁方臣

【案情简介】

董某担任某外资公司法定代表人，主营业务是接受客户委托对应聘人员进行背景调查。经人介绍，董某与某派出所警长聂某结识，双方达成合意，由聂某通过公安系统内部网络查询被调查人是否存在犯罪记录，该公司向其支付相应费用。

因董某任职公司具有外资背景，又涉及数名警方人员和查询不特定公民个人信息达 5 万余条，案件引起了公安部、国家安全部和案发地公安部门的高度重视，增加了辩护难度。

2017 年年初，公诉机关认为被告人聂某、董某等六名被告人违反国家有关规定，为谋取私利买卖公民个人信息，构成侵犯公民个人信息罪，并依法提起公诉。

【处理结果】

公诉机关撤回对董某涉嫌侵犯公民个人信息罪的起诉。

【律师解读】

笔者作为董某的辩护人，在审查起诉阶段积极主动地与公诉人联系、交流，提出董某有立功情节，获得起诉书确认。

针对起诉书关于董某等人“违反国家有关规定，为谋取私利买卖公民个人信息，构成侵犯公民个人信息罪”的指控，笔者制定了必须明确“违反了国家有关规定”的具体内容和界定刑法保护“公民个人信息”范围的辩护策略。

为了证明被告人董某不构成侵犯公民个人信息罪，笔者在庭前会议上出示了12份300多页的书面证据。

1. 政府信息公开答复书，用以证明董某未违反《刑法》中所谓的“国家有关规定”。《最高人民法院、最高人民检察院关于办理侵犯公民个人信息刑事案件适用法律若干问题的解释》第二条规定，该国家规定包括法律、行政法规、规章。但本案公诉机关一直未予明确规定具体内容，仅表明依据《公安机关公民个人信息安全管理规定》。笔者未能检索到相关信息，以发函的方式申请公安部政府信息公开，公安部答复书回复：“其属于内部工作管理信息，不予公开。”既然是内部信息，当然不具法律效力，不属于司法解释中规定的法律、行政法规、规章的范围。

2. 七份公安、检察院曾发布的无犯罪记录可公开查阅、不起诉决定书可公开等相关证据材料，用以证明董某未侵犯刑法保护的“公民个人信息”。只有当信息能对具体个人之利益产生影响时，才具有保护的价值，并非所有个人信息均受刑法保护。个人信息所处的状态以及此状态背后所体现的信息主体的自由意志，是司法者在判断行为是否入罪时应考虑到的问题。董某在核实被核实对象信息时，已经事先取得了被核实对象的同意。

3. 三份企业与权威部门联合筛查从业人员背景的实例，用以证明国家允许公司与政府部门联合基于行业安全考虑，查询个人犯罪背景。董某查询犯罪记录可视为已由相关规定给出了法定许可，据此核实本案中被核实人的信息甚至并不需要其本人实际同意。

4. 提交一份公证文书作为证据，因提供的部分证据从互联网上获取，采用公证的方式加以固定，确保收集的证据符合法律规定要求、符合采信标准、具有证明能力。

笔者发表了被告人董某不构成“侵犯公民个人信息罪”的辩护观点，并提交了书面辩护意见。公诉人面对审判长关于其“对辩护人提供的12份证据以及证明内容有何意见”的发问，公诉人略加思考后，明确表示“没有意见”。最后，公诉机关撤回对董某的起诉。

42. 六天辩护，曹某某涉嫌强迫交易为何无罪?

□ 杨　飞

【案情简介】

曹某某系一家大型农业科技企业负责人，自 2015 年至今一直从事农业科技产品生产和销售工作。2017 年曹某某以公司名义与某科技公司签订《代理合同》，约定由曹某某作为其公司全球独家代理商，负责销售以彭某某专利为基础原材料的农业科技产品。在履行本合同过程中，双方发生纠纷起诉至法院。在本案审理期间，2017 年 11 月 30 日，曹某某经过与王某某、彭某某协商，曹某某以补偿金的方式向王某某、彭某某及家人出具 6000 万的借条，作为涉案专利的使用补偿费。后因双方就代理合同纠纷矛盾加剧，故王某某、彭某某向公安机关报案称曹某某在案发当日采用暴力、威胁手段从报案人手中买走涉案专利。2018 年 4 月 24 日公安机关以强迫交易罪将曹某某刑事拘留。

【处理结果】

2018 年 5 月 3 日曹某某家属确定委托关系，作为本案曹某某辩护人，履行辩护职责。经过和检察官、公安机关多次充分沟通、交换意见，最终辩护人的法律意见绝大部分得到检察官的采纳。检察院于 2018 年 5 月 9 日出具《不批准逮捕决定书》，曹某某被释放。

【律师解读】

一、本案系民事纠纷，不应作为刑事案件处理

经过仔细研究本案案情，本案系因委托合同产生的补充协议，且双方就本委托合同已经由法院依法受理，正在审理过程中。本案曹某某签写借

条的行为不存在任何强迫的情况，因此事发后长达4个月的时间内，对方依然按照双方约定供货履行委托合同，可见之前的行为是在对方自愿的情况下产生的正常民事行为。依据借条所体现仅仅是补偿费，由此可见此行为系民事纠纷，不应作为刑事案件处理。依据相关法律规定，公安机关及公诉机关不能以刑事案件插手经济纠纷，这不符合刑法谦抑性原则，不符合刑法惩治犯罪预防犯罪的宗旨。

二、本辩护人认为本案不构成强迫交易罪

本案不符合强迫交易罪构成要件，依据《刑法》第二百二十六条规定，以暴力、威胁手段，实施下列行为之一，情节严重的，处三年以下有期徒刑或者拘役，并处或者单处罚金；情节特别严重的，处三年以上七年以下有期徒刑，并处罚金：（一）强买强卖商品的；（二）强迫他人提供或者接受服务的；（三）强迫他人参与或者退出投标、拍卖的；（四）强迫他人转让或者收购公司、企业的股份、债券或者其他资产的；（五）强迫他人参与或者退出特定的经营活动的。从此法条可知，强迫交易罪必须具备：暴力、以暴力相威胁、情节严重。本案中，没有证据证明犯罪嫌疑人采取暴力或以暴力相威胁，就情节严重而言应当具备如下行为特征：a. 多次强迫交易的；b. 强迫交易数额巨大的；c. 以强迫交易手段推销伪劣商品的；d. 造成恶劣影响的；e. 造成被强迫人人身伤害的；f. 造成其他严重后果的等。本案中，并不符合强迫交易罪的构成要件，不应构成该罪。

三、本案的犯罪嫌疑人系一家大型科技企业的负责人，从保护民营企业家以及为民营企业发展保驾护航的角度本案也不能采取逮捕措施

自本案犯罪嫌疑人曹某某采取刑事拘留之日起至今，由其负责的大型科技企业经营、生产、效益等产生了巨大的影响。如果采取逮捕措施会极大地打击民营企业的正常发展，不利于国家经济发展及本省的经济政策。

辩护人创造了自执业以来的最快辩护纪录破6天。刑事案件的定性问题往往决定着案件的走向，作为辩护人一定需要明确民事与刑事案件的边界。

在刑事案件中，律师应当积极调取一切当事人无罪证据，应当善于和公安机关、检察机关、法院沟通；刑事案件对于时间要求极为严格；刑事案件律师越早介入成功率会越高，紧急情况下一刻也不能延误。所以，在当事人被采取刑事强制措施之时，家属应尽早委托专业的辩护律师。

43. 张某等三人涉嫌盗窃罪为何不起诉？

□ 娄 静

【案情简介】

本案属于典型的刑事行政交叉案件。犯罪嫌疑人张某系安徽省某村村民，其所居住的村庄因涉及拆迁，张某等人被选为村民代表，授权同拆迁方协商拆迁补偿，以及处置本村的公共财产等事宜。因整村被划入拆迁区域，供电场所停止运营，涉案变压器由于不再使用而闲置。为防止闲置的变压器被窃，张某等三人协商后，联系收购机电的回收站人员王某，经询价后将变压器以 3.5 万元出售。后张某等三人因变压器被卖而涉嫌盗窃罪被采取刑事拘留。

笔者接受本案张某的委托，在审查起诉阶段介入，向公诉机关提出了张某不构成盗窃罪的辩护意见。

【处理结果】

公诉机关对张某作出不起诉处理。

【律师解读】

在我国《刑法》第二百六十四条，2013 年 4 月 4 日开始实施的最高人民法院、最高人民检察院《关于办理盗窃刑事案件适用法律若干问题的解释》中，并没有对盗窃罪进行概念上界定。根据刑法及司法解释，以及法学理论，可以认为盗窃罪是指以非法占有为目的，违反被害人的意志，将他人占有的财务转移为自己或者第三者占有的行为。笔者通过阅卷，提出以下辩护意见：

一、本案犯罪嫌疑人张某没有直接故意，不具有非法占有的目的

本案中案涉变压器为村庄集体所有，犯罪嫌疑人张某是村集体的一员，并且其与其他几名村民代表经全体村民召开村民代表大会后受托管理处置村集体公共财产。张某等三名村民代表出售变压器后，及时在村民代表大会上通报此事，并将所得价款主动交给村庄公共设施资金管理者周某，说明犯罪嫌疑人张某在主观方面并没有直接故意及非法占有的目的，仅是在对自己受托有权处置的财物行使权利。

二、从本案的行为对象来讲，本案犯罪嫌疑人张某并未侵犯他人财物的所有权或占有权

盗窃罪侵犯的行为对象，是国家、集体或个人的财物，而且必须是他人的财物，不可能是自己的财物或受委托拥有处置权的财物。本案案涉变压器是由村庄集体所有，而张某为本村村庄成员，因该村涉及拆迁，造成涉案变压器闲置，作为村民代表之一的犯罪嫌疑人张某，为村集体利益同其他村民代表在受托处置村集体财产的范围内，共同决定出售村集体财产，属于有权处置，并未侵犯任何公私财物，未造成侵犯刑法所保护的法益。

三、本案转移占有的行为，未违反被害人的意志

张某等人处置变压器的行为属于为村集体办理的日常事务，并且所售价款作为集体收入，全体村民无人提出反对意见。

44. “敲诈勒索”三十万，为何判处寻衅滋事罪免予刑事处罚？

□ 韩英伟

【案情简介】

张某（女）、关某夫妇原系Z县计划生育局的门卫。2015年8月，计划生育局与卫生局合并，新成立的卫生和计划生育局不再让张某夫妇继续担任门卫。张某夫妇便通过劳动仲裁与民事诉讼要求卫生和计划生育局给付其最低工资差额、经济补偿金等费用。案件经过仲裁、一审和二审，均驳回了张某夫妇的请求。张某夫妇向市检察院申请抗诉，市检察院在办理案件过程中，因案情复杂，分别于2019年4月19日和6月3日，决定对张某、关某两案中止审查。

因诉讼无果，关某于2019年5月31日之前曾经到某省信访局和国家信访局上访过。2019年9月中下旬，关某因私事到北京，但未去国家有关部门上访。Z县卫生健康局（2019年1月卫生和计划生育局更名为卫生健康局）局长王某等人担心关某在北京上访，于2019年9月25日晚上20时许，带领卫生健康局副局长等5名工作人员开着两辆车到张某住处Z县发展改革创新局门卫室，把30万元现金交给张某，让张某抄写副局长写好的《收条》，随后强行带张某到Z县中国银行ATM机把30万元现金存到张某银行卡上，并要求张某给关某打电话，让关某从北京返回来。

2019年9月25日21时30分，王某以张某夫妇敲诈勒索其30万元报警。2019年9月26日6时，张某被传唤到Z县公安局接受讯问。同日，关某从北京回到Z县，被等候在Z县汽车站的公安民警抓获归案。

2019年9月27日，张某夫妇因敲诈勒索罪被刑事拘留，2019年11月1日被逮捕。在侦查阶段，张某、关某分别委托北京市盈科律师事务所韩英伟、赵爱梅律师为其辩护人。

【判决结果】

判处被告人张某犯寻衅滋事罪，免予刑事处罚；判处被告人关某犯寻衅滋事罪，免予刑事处罚。

【律师解读】

2020 年 1 月 1 日，本案由 Z 县公安局侦查终结，以张某夫妇涉嫌敲诈勒索罪，向 Z 县检察院移送审查起诉。笔者根据案件事实和法律规定，依法向公安局和检察院提交了张某夫妇不构成敲诈勒索罪的法律意见，并提交了取保候审申请书和调取证据申请书，申请侦查机关调取：2019 年 9 月 25 日 Z 县发展改革创新局大门口监控录像和中国银行 Z 县支行自助存款机处卫生健康局局长王某等人带领张某把 30 万元现金存进张某银行卡的视频监控录像等关键证据，证明王某等人给付 30 万元的行为系其根据上级要求和党委会议研究决定，积极主动、自愿采取的做好本职工作的有效措施，张某、关某夫妇不存在敲诈勒索行为。

2020 年 2 月 1 日，因证据不足，本案退回 Z 县公安局补充侦查，2020 年 3 月 1 日补查重报。

2020 年 3 月 31 日，Z 县检察院以张某夫妇犯寻衅滋事罪，向 Z 县人民法院提起公诉。

笔者向法院提交了调取证据书（继续申请调取在侦查和审查起诉阶段已申请调取未获准许的证据；要求查阅案卷中只有证据清单，没有具体内容的被告人关某返回 Z 县之前和卫生健康局局长王某的通话录音；张某、关某夫妇审讯时的同步视频录像等）、证人出庭作证申请书（申请卫生健康局局长王某及其他证人出庭作证、接受询问）、非法证据排除申请书、召开庭前会议申请书。

笔者主要辩护意见如下：

一、本案侦查程序违法

本案被告人的审讯笔录及受害人、证人的询问笔录无权利义务告知书，并且侦查人员的签字均是一人所为，以上证据属于非法证据，应当排除。本案县级信访机关并没有对涉案被告人的信访内容进行听证，省政法委涉案涉法领导组对此案没有批示。涉案关键证据并没有调取。

二、起诉书认定被告人张某、关某夫妇借故生非是错误的

涉案劳动仲裁裁决书，一审、二审判决书认定事实和适用法律错误。某市人民检察院中止审查决定书显示：此案中止审查情形消除后，将恢复审查。证明张某夫妇诉求是否合法有待司法最终确认，本案司法程序尚未终结。

张某、关某夫妇主观上没有任何的犯罪故意，其目的是要求原工作单位计划生育局依法支付工资差额、经济补偿金。其工资严重低于当地最低工资标准，诉讼请求具有事实和法律依据。

三、本案为“钓鱼执法”，张某、关某夫妇没有故意非法强索财物的行为。起诉书认定被告人张某、关某夫妇强拿硬要他人财物，情节严重不能成立

Z县卫生健康局局长王某等采取钓鱼执法手段：2019年9月25日先是让张某在副局长书写的《处理此案诉求》上签字、抄写《收条》，晚上8点多欺骗带领张某把30万元现金存进张某银行卡。王某当晚9点半以敲诈勒索罪控告张某、关某夫妇并冻结该银行账户。

事实上，王某等人早有预谋，张某根本就拿不到该30万元补偿款，张某并没有强拿硬要的行为；2019年9月中下旬，关某没有进京上访的事实。本案证据显示，2019年9月25日王某给付张某补偿款30万元，是经过Z县卫生健康局党组会议集体研究通过的。关某没有以上访为由和张某密谋实施强拿硬要，迫使“受害人”王某交出财物的行为。起诉书认定被告人张某、关某夫妇强拿硬要他人财物，情节严重不能成立。

笔者提出张某、关某夫妇不构成寻衅滋事罪，如果合议庭认为张某夫妇构成犯罪，鉴于被告人张某夫妇犯罪情节轻微，并同意退赃，建议法院判决免予刑事处罚，法院采纳了笔者的辩护意见，判处关某夫妇免予刑事处罚。

从公安机关对此案定性敲诈勒索，到起诉书对此案定性寻衅滋事，建议判处关某、张某三年和三年六个月有期徒刑。再到法院判处被告人判处构成寻衅滋事罪并免予刑事处罚。这与辩护人多次与公诉人、主审法官的沟通密不可分，业务娴熟、精益求精，据理力争，司法公正，这就是一个刑辩律师的执着与追求。

45. 被告人 Y 某等四人涉嫌贪污罪，为何终止审理?

□ 钟 强

【案情简介】

2010 年 6 月至 2012 年 2 月，被告人 Y 某、C 某、T 某、Z 某四人是脐橙产地 FC 县 BS 镇的镇领导班子成员，为完成绩效考核，参与了脐橙示范基地果园的承租，与镇政府签订了"转租协议"。期间以虚构的开支套取了款项，用于示范果园的水电路等公共设施的建设及转租之前政府欠农民的地租。被指控以私人名义承包 BS 镇 PJ 脐橙基地后，利用职务便利，伙同他人采取虚报工程骗取工程款等方式，骗取公款，用于私人果园，属于贪污行为，具体情况如下：

1. 2010 年 6 月，被告人 Y 某、C 某、Z 某由 T 某用唐某某的名字虚开"ST 坳水库维修"项目发票到 BS 政府报账得款 15200 元，用于支付 2009 年至 2010 年的部分地租等。

2. 2010 年 10 月至 11 月，被告人 Y 某、C 某、T 某、Z 某四人让张某元虚报"PD 村庙附近至月地光的机耕道建设工程""PD 村村道建设"项目分三次到 BS 镇政府报账共计得款 45000 元，用于支付张某元在 2010 年 6 月 9 日前在脐橙基地的挖地款 23700 元。

3. 2011 年 5 月 31 日、6 月 1 日，被告人 Y 某、C 某、Z 某由 T 某用唐某德的名字虚开"PJ 村机耕道（PD 村 HW 江村）及 PJ 村篮球场建设工程

（基础部分）”项目发票到BS镇政府报账共计得款4599.67元，除了给唐某德篮球场2000元及支付谷冲岭片土地租金4916.1元外，其余39081.57元用于支付Y某等人2010年至2013年部分地租等费用。

4.2011年12月15日，被告人Y某、C某、T某伙同唐某德以“HR水泥厂矿山道路维修工程款”的名义开票到BS镇政府报账得款80626元，其中支唐某德“庙湾至青山脚道路维修工程款”1500元，其余的65626元给了T某用于Y某等人承包的果园建设。

5.2012年2月20日，被告人Y某、C某、T某，由T某用唐某德的名字虚开2011年8月21日至2011年9月23日“脐橙基地基础设施工程”项目发票到BS镇政府报账共计得款48630元，其中825元用于Y某等人承包的月地光片果园的平路和挖地费用，余款用于谷冲岭片的挖地、开路、挖防牛沟、炼山等支出。

被告人Y某、C某、T某参与贪污5单，金额152432.57元；被告人Z某参与贪污2单，金额38900元。

【处理结果】

裁定本案终止审理。

【律师解读】

一、指控的犯罪事实根本不存在，侦查机关基于对事实的重大误解，审查起诉并未依法纠正

公诉机关误以为BS镇坪江脐橙基地有228.7亩，分为三块，全部由四被告“承包”。从“转包”之日起，视为四被告私人果园，从此镇政府投入“PJ脐橙基地/果园”的钱，应视为四被告贪污所得。一审公诉人和二审检察员均不知150亩、228亩、400亩、500亩的区别。

经一审法庭实地调查发现，BS镇政府为完成绩效考核，向农民租地228亩多，兴建脐橙示范果园。228亩分为三块，地名分别是月地光、塘崽岭和谷冲岭。四被告“承租”了其中150亩，228亩的其余部分，由其

他8名镇干部和2名农户承租。为什么说是“承租”？因为合同就是转租合同，并规定只能种植脐橙，并且服从果园“政府管理人”的指挥。为什么起诉书、判决书要写转让？因为只有这样写才能定罪。后来在示范果园的带动下，有许多农户跟进，自发在周边种植脐橙，到一审开庭时，果园发展到了400多亩，超出228亩的部分不是镇政府租地（不需要镇政府付地租，但是业绩归镇政府）。是农民自发开垦种植的，到二审开庭时，示范果园已经发展到了500多亩。这么重要的基础事实，侦查及公诉机关均未搞清楚，就草率抓人、批捕放宽、带病起诉，原一审是典型的审判迁就。明知无罪，实报实销，关多久，判多久。

建议法庭查清扶贫款的支配权问题。四被告坚持认为扶贫款从立项到验收到付款都是扶贫办的事，四被告谁都无权参与，更无权在任何环节签字。公诉人举证也没有证明有任何一份关于使用扶贫款的文件程某某有权签字。因此，扶贫款的使用超出四被告的权限。唐某德从事了扶贫工程的施工，所得款项是其个人劳动所得，其有任意支配权，可以投入果园，可以用于自己吃喝。追加起诉部分认为唐某德的个人劳动所得依然是扶贫款，然后扶贫款用于果园属于四被告贪污，这是对事实的重大误解，甚至是无中生有。

二、控方证据不能作为定案依据

控方的主观证据、言辞证据因审讯录音录像无声音，不能鉴真，不能作为提请、批准逮捕和提起公诉的依据（最高人民检察院《关于切实履行检察职能防止和纠正冤假错案若干问题意见》第十五条），这是不能使用的证据，不需要排除非法证据的程序，直接不能使用，既不能用来批捕，也不能用来起诉，在进入法庭之前就丧失了证据资格。审讯同步录音录像没有声音，批捕时没有发现，审查起诉时没有发现，这就是重大责任事故。

三、控方不了解政府对脐橙产业的扶持政策，主观误解为财政资金只能扶持普通农户的果园，不可以使干部承租的果园受益，否则视为干部贪污

这是重大误解，甚至是无中生有，与上级党委和政府的文件精神相违背。县党委和政府的文件三令五申，要将脐橙产业搞上去，鼓励多元化投资主体，政府资金做引导，项目资金做主导。没有一份文件规定修路遇到干部的果园就不修了，通水电到了干部的果园就要绕过去。这种思想是割裂干群关系，纯凭主观想象，为定罪编造的说辞。

四、套取资金是否等同于贪污?

套取资金是事实的一半，定罪需要的是完整的事实，不可断章取义。套取资金中饱私囊是贪污，套取资金给自己使用，用于自己的果场，均可视为贪污。套取资金但是用于政府示范基地的水电路等公共设施，而该基地又并非四被告全部承租，这显然不是贪污，没有损公也没有肥私。

五、本案超过追诉时效

假设被告人 Y 某、C 某、T 某涉嫌犯贪污罪的犯罪金额 152432. 57 元，被告人 Z 某涉嫌犯贪污罪的犯罪金额 38900 元。根据《最高人民法院、最高人民检察院〈关于办理贪污贿赂刑事案件适用法律若干问题的解释 >》第一条关于“贪污或者贿赂数额在三万元以上不满二十万元的，应当认定为《刑法》第三百八十三条第一款规定的数额较大，依法判处三年以下有期徒刑或者拘役，并处罚金”，以及《中华人民共和国刑法》第八十七条第（一）项关于追诉时效期限的规定，被告人 Y 某、C 某、T 某、Z 某四人的贪污行为对应的法定最高刑为三年有期徒刑，追诉期限为五年。本案被告人 Y 某、C 某、T 某最后一笔贪污犯罪终了之日为 2012 年 2 月 20 日，追诉期至 2017 年 2 月 19 日，侦查机关对被告人 Y 某、C 某、T 某、Z 某四人的立案侦查时间为 2017 年 8 月 13 日、15 日、19 日、20 日，犯罪已过追诉时效期限，并且不属于必须追诉的情形。

46. 被告人徇私枉法，为何判处缓刑？

□ 李亚普

【案情简介】

北京市公安局某处干警张甲、齐乙在办理A公司员工田丙涉嫌破坏计算机信息系统、侵犯商业秘密案过程中，按照上级领导的指令C公司和D公司分别出具了虚假的计算机感染病毒损失证明材料。张甲明知上述材料是虚假的，仍委托诱使会计师事务所对C公司和D公司因此所遭受的损失进行评估。齐乙将计算机病毒专家论证会的不确定性论证意见改为确定性意见。并且，张甲、齐乙指使E、F、G公司出具了虚假的报案材料。最终，田丙因侵犯计算机信息系统罪和侵犯商业机密罪被判入狱。

田丙出狱后经申诉改判无罪。张甲、齐乙被北京市人民检察院以徇私枉法罪立案侦查。

【判决结果】

北京市第一中级人民法院认定张甲构成徇私枉法罪，属于从犯，判处张甲有期徒刑三年，缓刑三年。

【律师解读】

张甲是履行职务行为，不构成犯罪。张甲的行为是在领导的指令下作出的，根据《中华人民共和国警察法》规定，人民警察必须执行上级的决定和命令。人民警察认为决定和命令有错误的，可以按照规定提出意见，但不得中止或者改变决定和命令的执行；提出的意见不被采纳时，必须服从决定和命令；执行决定和命令的后果由作出决定和命令的上级负责。

《刑法》第三百九十九条规定，司法工作人员徇私枉法、徇情枉法，对明知是无罪的人而使他受追诉、对明知是有罪的人而故意包庇不使他受追诉，或者在刑事审判活动中故意违背事实和法律作出枉法裁判的，处五年以下有期徒刑或者拘役；情节严重的，处五年以上十年以下有期徒刑；情节特别严重的，处十年以上有期徒刑。

职务犯罪案件尤其是警察涉嫌犯罪的案件，社会影响相对较大，律师的辩护压力相对其他案件也很大。

本案中，公诉机关指控张甲等人构成犯罪的主要理由是张甲等人在没有被害人报案的情况下指使E、F、G公司出具虚假的报案材料，以及让C公司和D公司出具的虚假的计算机感染病毒损失证明材料。张甲等人依据虚假的证据材料对田丙刑事立案已经构成徇私枉法罪。

笔者通过审阅案件首先找到了张甲是执行领导命令的证据，在案的证据显示，张甲是执行领导的命令实施的侦查行为，并且领导在“大会”“小会”反复强调，干得好就继续干，干不好就“下沉”（下放到基层公安机关）。可以说，张甲等人是在完全被领导胁迫之下实施的犯罪。另外，张甲在整个案件过程中没有收受任何的好处。虽然，徇私枉法罪的认定无论是徇私情还是私利都可以构成犯罪，收受贿赂不是行为人构成犯罪的条件。但张甲没有收受贿赂可以反映其实施犯罪的主要原因还是因为领导的命令和胁迫，不是基于自身贪图利益等因素。张甲并未获得任何物质利益，其主观恶性较小，犯罪情节相对轻微。

在反复的阅卷过程中，笔者又发现了公诉机关提出张甲等人在该案没有他人举报的情况下进行立案程序违法的观点是错误的。因为根据法律规定，公安机关无论是因控告人的控告而接受的案件，还是因为自行发现的犯罪线索，公安机关都应当迅速进行审查，这不是公安机关的权利，而是义务。

最重要的是笔者发现张甲在整个案件中所起的作用是次要的，其应该是从犯。

笔者还将张甲是连续多年的优秀共产党员，之前没有任何的违法犯罪行为，孩子刚刚出生尚未过哺乳期等案外因素提供给了法院。

最终，法院采纳了笔者提出的张甲属于从犯的辩护意见，对张甲被判处了缓刑。

纵观该案，辩护人应把握住每一个辩护细节，不放弃每一个辩护理由，包括法律因素和情感因素的辩护意见都要提供给法庭，只有这样才能为当事人争取最大的权益。

47. 交警指挥下酒驾挪车是否构成危险驾驶罪？

□ 张　颖

【案情简介】

岳某与朋友高某聚餐喝酒至次日凌晨 2 点，随后高某于上午 11 时 30 分许驾车将岳某送至其上班地点，并将车违章停放至人行道上。执勤交警在要求岳某将车挪走时，发现其身上有酒味，经鉴定，岳某血液中酒精含量为 84mg/100ml，达到醉酒驾车的认定标准，公安机关将其抓获归案。后公诉机关以危险驾驶罪向法院提起公诉。

【判决结果】

1. 一审法院判决被告人岳某的行为构成危险驾驶罪，但犯罪情节轻微，依法可以免于刑事处罚。

2. 岳某不服向二审法院提起上诉，经过审理，二审法院撤销原判，改判岳某无罪。

【律师解读】

一、行为人是否具有危险驾驶的主观故意

《刑法》第一百三十三条规定的危险驾驶罪需要行为人具有危险驾驶的主观故意，即行为人明知自己处于醉酒状态，故意追求或者消极放任危险结果发生的可能性。而隔夜酒驾的行为人结合其饮酒后主动休息，驾驶时能保持正常清醒的判断能力等多种客观事实，可以认为其对自己是否仍处于酒驾状态持否定的态度，即其主观状态属于过于自信的过失而非故意。审判实践中，如果行为人已经尽到合理的注意义务，即在饮酒后适当休息并且评估自己状态正常之后驾驶车辆，并且该驾驶行为并未造成实质损失的情况下，符合但书规定的“情节显著轻微，危害不大，不认为是犯罪”，这也同时避免了客观归罪之嫌。

二、行为人客观上是否实施了可能造成严重后果的行为

认定隔夜酒驾无罪中的“情节显著轻微、危害不大”这一条件，还需要结合醉酒驾驶人是否在《刑法》第133条规定的“道路”上驾驶。如果只是挪动车辆，或者在无人、人烟稀少的道路（如工业园区内）驾驶小段距离均满足情节显著轻微的要求。如本案中岳某是在交警的指挥下移动车辆，其一方面是在承担安全保护责任管理人的管控范围内操控车辆，另一方面其只是短距离挪动车辆，不属于在道路上驾驶车辆的情形，所以认定为无罪。

48. 骗取贷款未造成银行损失，是否需要承担刑事责任？

□ 赵爱梅

【案情简介】

2018年8月某日，李某因由自己控股的A公司资金周转需要，虚构了A公司已向B公司购买原材料，需要支付货款750万元（人民币，下同）的事实，以个人经营创业为贷款用途向X银行申请一年期贷款500万元，担保人为C融资担保有限公司。被告人李某还指使财务人员向银行提交虚假的《购销合同书》《授权声明》等申请材料，隐瞒A公司巨额亏损，已陷入经营困境的真实情况。X银行于当天发放贷款，并向《授权声明》中所指定的账户划款500万元。之后，被告人李某指示A公司的财务人员邓某乙将该500万元贷款以现金提取或多次转账的方式，最终转移至A公司的广发银行账户，并将其中的450万元用于公司的运转经营使用，另50万元用于归还个人借款。该笔贷款到期后A公司无力偿还，最终由C融资担保公司代为归还。

【判决结果】

1. 一审李某构成骗取贷款罪。2. 二审维持一审判决。3. 再审李某无罪。

【律师解读】

本罪通常会陷入一个误区，凡是提供了虚假材料骗得银行贷款即构成本罪，往往会忽略本案的关键点是否给银行等金融机构造成损失或者情节严重。

我国《刑法》第一百七十五条之一规定，以欺骗手段取得银行或者其他金融机构贷款，给银行或者其他金融机构造成重大损失或者有其他严重情节的方可构成犯罪。

“给银行或者其他金融机构造成重大损失或者有其他严重情节”尚未有法律和司法解释作出明文规定，但根据全国人大法工委刑法室副主任黄太云对《刑法修正案（六）》的解读指出，主要是指以欺骗手段获得贷款以后，造成骗用的贷款不能归还，给银行造成重大损失的；采用的欺骗手段十分恶劣；多次欺骗金融机构；因采用欺骗手段受到处罚后又欺骗金融机构的等情形。

也就是说，虽然采取提供虚假材料等手段欺骗银行获取贷款，但是数额不大或者虽然数额较大但在案发前已经归还了贷款或者在案发后立即归还了贷款的，没有给银行造成实际损失，也可以认为不属于本条规定的“其他严重情节”。

结合本案，虽然现有证据足以证实上诉人李某申请涉案500万元贷款时向X银行隐瞒A公司巨额亏损的事实，同时《个人借款保证合同》《个人经营创业借款合同》《购销合同书》《授权声明》等物证、书证，以及证人李某、王某甲、姜某等人的证言证实李某以个人创业贷款为由向X银行申请500万元贷款向B公司购买原材料，以虚假的《购销合同》和《授权声明》为申请材料向X银行申请该笔贷款；证人邓某乙等人的证言及相关的银行流水清单等均证实上述所贷款项经层层流转用于向X银行质押贷款，获得的450万元全部进入A公司账户用于公司经营使用，并未作为货款支付给B公司；工商行政部门的查询结果证明B公司事实上并不存在；李某作为A公司的法定代表人，供述其骗取贷款的目的系为了A公司的资金周转和经营，且A公司与B公司之间的交易并不存在。上述证据相互印证，证实李某以个人名义，提供虚假申请材料骗取银行500万元贷款的事实。但该笔贷款最终由担保人C融资担保公司代为偿还，并未给C银行造成实际损失，亦未利用贷款进行任何非法活动，未给金融管理秩序造成实际危害，李某的行为不符合本罪的犯罪构成要件，因此无罪。

司法实践中，通常对于本罪的审查往往会出现着重于是否采取骗取手段获得贷款，进而陷入重大误区。本罪属于破坏金融秩序管理罪范畴，立法的目的在于保护有序银行资金秩序的运转。笔者认为根据立法原理来看，本罪是保护银行资金的“有出有进”正常流动，重在防范“有出无进”。因此，即使提供了虚假的材料骗取贷款，但是并未破坏银行资金正常的“有出有进”金融管理秩序，同时不具有情节严重情形，则不应入罪。

49. 玛莎拉蒂撞宝马一案终出结果，谭某被判无期徒刑是否合理？

□ 康文平

【案情简介】

2019 年 7 月 3 日 19 时许，被告人谭某、刘某、张某到永城市一烤串店聚餐饮酒。聚餐结束后，22 时 22 分张某曾电话联系代驾，在代驾到来之前，谭某驾驶“豫××××”号牌玛莎拉蒂莱万特越野车，载刘某、张某离开，沿永城市区多条路段行驶，连续剐蹭停在路边的六辆汽车后，又与对面驶来的一辆传祺轿车和停在路边的一辆大众速腾轿车相剐碰，谭某因车辆无法通过被迫停下。被撞车主及周围群众上前劝阻，刘某和张某让谭某赶紧离开。谭某不顾群众劝阻，强行驾车逃逸，至东外环路和永兴路交叉口时，高速追尾正等待通行信号的“豫××××”宝马轿车，致该车起火燃烧，造成车内人员葛××、贾××当场死亡，驾驶员王交通受重伤。谭某、刘某、张某被公安机关当场抓获。

【判决结果】

2020 年 11 月 6 日，法院以危险方法危害公共安全罪，分别判处被告人谭某无期徒刑，剥夺政治权利终身；被告人刘某有期徒刑三年，缓刑三年；被告人张某有期徒刑三年，缓刑三年。

【律师解读】

玛莎拉蒂撞宝马一案自发生以来一直备受关注，一方面因为犯罪行为极其恶劣；另一方面则因为肇事司机谭某在肇事之后完全不知悔改。

谭某曾放言称，宁愿耗费千万资产打官司，也不愿多赔付一分钱给受害者。这种态度，足以见得谭某从内心深处完全没有意识到自己的错误，并自信地认为有钱可以摆平一切。

这种天真的想法在一审时落空了，被撞的宝马车上的两名死者和一名伤者的家属均表示不同意调解，要求判处谭某死刑。面对死亡，谭某一方彻底乱了阵脚，因为他们发现即便花再多的钱打官司，谭某也很可能要被判处死刑。

随后，谭某当庭痛哭，表示“自己实在不知道犯了什么错，必须付出生命”。也就是说，直到面临死刑的惩罚时，谭某还没认识到自己的错误。

接下来谭某一方所能做的就是“尽全力保住自己一条命”。而保命的唯一途径就是积极赔偿，争取得到被害人家属的谅解。接下来几个月中，甚至传出了“谭某花2600万保命”一说，最后被辟谣。

不过笔者却不认为这是空穴来风，因为摆在谭某面前的只有一条路，那就是付出巨额赔偿。这一赔偿无论多么不合理，谭某也只能接受。

在这场博弈之后，双方终于在11月6日庭审之前达成和解，至于“和解费”为多少，目前还不得而知。得到这块免死金牌之后，谭某一审被判处无期徒刑。

这个无期徒刑可以说是来之不易，因为在谭某与被害人之外，还存在一场谭某与舆论的较量。由于案件的恶劣性质以及谭某不知悔改的态度，导致广大关注此案的百姓一致认为应判处谭某死刑。当然，法律不会因为民众的意愿而改变，不过这种意愿正是刑法中常用的酌定情节：造成社会影响恶劣。因此，单从这个角度出发，谭某被判处死刑的可能性非常大。

综合两个情节考虑，对于谭某判处无期徒刑，笔者认为还是比较合理。

50. 量刑建议五年以上有期徒刑，为何判决两年？

□ 宋庆珍

【案情简介】

被告人陆某某于2010年在北京开了一家百货店，并办理了《烟草专卖零售许可证》，主要对外零售烟酒。2016年因拆迁，《烟草专卖零售许可证》被注销，但是陆某某抱着侥幸的心理在2017年4月至2018年1月，继续经营烟草零售。合肥市的费某从陆某某处陆续买了50多万元的香烟，陆某某将这些香烟装箱分十七八次交货车司机许某运到合肥市交给费某，收货后费某将货款转入陆某某的账户，陆某某账面有费某转款118万余元。2018年1月6日，在运输途中经过山东省某市路段时被某市烟草专卖局执法人员当场查获。经认定，被查获香烟价格为11.29万元。

经侦查机关侦查后认定：陆某某涉案金额为118万元。

【判决结果】

被告人陆某某犯非法经营罪，判处有期徒刑两年，并处罚金6万元。

【律师解读】

本案中，笔者接受委托后，通过多次会见被告人陆某某，仔细审阅案卷材料，发现案件存在着证据不足的情况：如侦查人员取证过程中没有将被告人陆某某经营的酒水款项予以扣减，陆某某在运往安徽省合肥市费某处的烟草具体是多少，从公安机关侦查的证据无法体现，因118万元的转账款含有酒水款，酒水款和香烟款混在一起无法区分，不能认定陆某某涉案金额为118万余元。笔者及时向公诉机关提交了辩护意见，电话与办案检察官预定见面时间，亲自前往某市检察院与办案检察官面谈。首先，认可涉案罪名，但对涉案金额不予认可，并说明了原因，向检察官提出对被告人有利的证据线索，公诉机关起诉书认定非法经营数额为46万元。

一审中，笔者针对公诉机关指控46万元的非法经营数额不认可，寻找对被告人有利证据，分别向任某、陈某等人取证，证明陆某某向其购买酒水并运往安徽省合肥市销售的事实。因证人不能出庭，法官当庭和证人通电话核对事实，并且公诉人质证中也对该证人证言认可。庭审结束后，笔者又及时与法官沟通，认为本案的犯罪数额应为11.29万元，因该犯罪数额为当场查获，有证据证明，有被告人的供认，其他数额证据不足，不应支持。经过笔者多次就案情与法官详细沟通交流，最终，一审法院采纳了笔者的辩护意见。

本案中，笔者提出认定涉案数额部分证据不足，属于疑罪，应本着从无的原则。疑罪是指司法机关对被告人是否犯罪或罪行轻重难以确定的情况；疑罪从无原则是现代刑法“有利被告人”思想的体现，是无罪推定原则的具体内容之一。既不能证明被告人有罪又不能证明被告人无罪的情况下，推定被告人无罪。疑罪从无的司法原则不仅是解决刑事疑案的技术性手段和原则，更体现了对公民人权的保障和尊重。结合本案，被告人陆某某的涉案数额，只有2018年1月6日当场被查获的11.29万元数额认定证据确实充分，其他数额属于证据不足，具有存疑，因此一审法院对公诉机关指控的其他涉案数额，认为证据不足，不予支持。

经过笔者努力，涉案金额从侦查机关认定的118万元，到公诉机关认定的46万元，再到审判机关认定的11.29万元，维护了被告人的合法权益。不懈的追求，永恒的执着，这是律师辩护成功的真谛。

51. 李某故意伤害致人死亡，二十年后为何没有追诉？

□ 张　颖

【案情简介】

1997 年，李某和被害人王某合伙在四川省某市做服装生意。当年 6 月 27 日 23 时许，在成都市某区某 170 号路旁，李某夫妇与王某因生意账目发生纠纷，李某的妻子谢某与王某发生抓扯，被他人劝开。之后，李某与王某继续争吵继而发生打斗。在打斗中，李某用随身携带的刀具对王某捅刺数刀，随后逃走。王某在被送医途中经抢救无效死亡。经鉴定，王某全身 4 处刺伤，其中腹部被刺致下腔静脉刺破，因失血性休克死亡。A 区公安分局发布了协查通报，并确定李某为该案犯罪嫌疑人。

21 年后的 2018 年 6 月 23 日，李某到新疆维吾尔自治区某派出所投案自首，2 天后被成都市公安局 A 区分局刑事拘留。李某供述，得知王某死亡的消息后，他先后跑到了四川德阳、绵阳、广元及陕西、甘肃、新疆等地，期间没有再犯罪，最后选择投案。

2018 年 9 月 25 日，成都市公安局以李某涉嫌故意伤害罪移送成都市检察院审查起诉，同年 10 月 17 日，成都市公安局报请成都市检察院核准追诉。

【处理结果】

2020 年 7 月 30 日，最高人民检察院就对李某涉嫌故意伤害（致人死亡）一案依法作出不予核准追诉的决定。

【律师解读】

刑事追诉时效，是指刑法规定的、对犯罪人追究刑事责任的有效期限。在追诉时效内，司法机关有权追究犯罪人的刑事责任；超过追诉时效，司法机关就不能再追究其刑事责任。其主要意义有：（1）符合我国刑罚的目的和要求；（2）有利于司法机关集中精力办现行的刑事案件；（3）可以节省人力、物力、财力 ；（4）有利于社会的稳定。刑事追诉时效制度的规定还具有预防犯罪、保障人权、保证量刑制度的落实、实现法律正义等诸多价值，因而设立该制度很有必要。

本案李某实施犯罪的时间是1997年6月27日，1997年的刑法还未生效，按照刑法“从旧兼从轻”的原则，该案应适用1979年刑法的有关规定，即法定最高刑为无期徒刑、死刑的，追诉时效是20年。从1997年案发，李某未被采取强制措施至2018年自首，已过20年追诉期限。经审查，李某自案发后没有再次犯罪，不存在追诉期限的中断和延长，因此该案已过追诉时效。类似案例如南医大强奸杀人案发生在1992年，系1997年刑法生效前，对犯罪嫌疑人并未确定，也就不可能采取任何强制措施，应当适用1979年刑法的规定，即法定最高刑为无期徒刑、死刑的，追诉时效是20年。因此，南医大强奸杀人案从1992年案发未被采取强制措施至2020年被抓获已经28年，已过20年追诉期限。

52. 无非法占有目的，是否认定为诈骗罪？

□ 刘高锋

【案情简介】

自2019年始，犯罪嫌疑人（以下简称“行为人”）即参加了一个名为“梦想中国，富国强民”的组织，在缴纳会员费后便正式成为该组织成员。

根据该组织的规定，成为会员后即可以开展发展会员的活动，并可以对发展的会员缴纳的会费进行提成计酬。

2020年9月，行为人被以涉嫌诈骗罪予以刑事拘留。

接受委托后，依法会见了行为人。据行为人陈述，该组织实质上并没有销售的产品和服务。同时，该组织的会员级别有六级，分别是业务员、组长、科长、处长、总监和经理。截至案发，该组织共发展了约上百人的团队成员。

【处理结果】

行为人被以涉嫌诈骗罪予以刑事拘留，后行为人被取保候审。

【律师解读】

一、行为人不具有非法占有的目的

通过会见，笔者的初步意见是行为人不构成诈骗罪。因为，在这个案件中，行为人根本不直接收取会员的会费，也不参与所谓计酬的计算，更不参与所谓升职的考量。行为人的行为不具有直接侵害公民财产性，也即不具有非法占有的目的，而是通过或假借经营之名，最终获取经营收益。

二、行为人没有实施诈骗行为

对于行为人而言，其之所以成为该组织会员，仅仅是因为其相信可以通过这种经营行为能够获取营利收益，同时其也是缴纳了同等的会员费才可以开展“经营”的。

在诈骗行为中，行为人的主观方面应当是故意，而且应当是直接故意。但是，在本案中，对于行为人而言，其不具备诈骗的故意，不应当认定行为人实施了诈骗行为。

三、下级别会员并未陷入错误认识

诈骗罪的基本逻辑是行为人虚构了事实、隐瞒了真相，即行为人实施了诈骗行为→被害人陷入错误认识→被害人由此处分了财产→行为人获得财产、被害人遭受财产损失。

本案中，下级别会员根本没有陷入错误认识，通过开展经营获取利益，下级别会员对于此种经营行为十分清楚。

通过前述初步分析，笔者最终认为行为人不构成诈骗罪，不应当被继续羁押，应当立即释放。为此，笔者依法向侦查机关提交了法律意见书，同时提请侦查机关不向检察机关提请逮捕行为人。

笔者向侦查机关提交书面意见后，侦查机关的态度十分明确，其认为涉嫌诈骗罪，必须提请逮捕。为此，笔者在检察机关收到提请逮捕申请后的第一时间与检察机关沟通，同时一并提交了书面法律意见。经过较为详细的沟通，检察机关也非常有耐心地听取了笔者的意见，最终作出了不批准逮捕的决定。行为人最终被取保候审。

53. 男子开玩笑将邻居笑死，是否承担刑事责任?

□ 赵爱梅

【案情简介】

周某和李某是邻居，2019 年 2 月 6 日，两人在小卖部买东西时，开起了玩笑，嬉笑不断，还相互进行推搡。其间，李某突然变了脸色，之后一头栽倒在地。见此状况，周某还以为李某也在开玩笑，让他“不要装”，但见倒在地上的李某始终一动不动，周某这才意识到情况不妙。蹲下一看，李某面色发紫，且气若游丝。此时，受到惊吓的周某没有想到呼救，而是逃回了家中。之后，小卖部店主赶紧叫来李某的家人，但为时已晚，李某已经没有了呼吸。当家属了解到李某死前曾和周某玩笑戏耍后，找到周某理论，周某却态度强硬，李某的家属便报了警。警方第一时间赶到现场后，征得家属同意，进行了尸检。半个月后，尸检结果显示：李某因冠心病致循环呼吸衰竭死亡。

警方向某检察院提请对周某逮捕时，某检察院审查认为，周、李二人虽为邻居，但周某并不知道李某患有冠心病，也不清楚此病的严重性，周某的戏耍推搡行为不足以导致李某死亡，而受开玩笑刺激导致李某死亡的诱因仅为5%～10%。

【处理结果】

检方认为，周某的行为不足以构成犯罪，决定不予追究刑责，周某对此只能承担民事赔偿责任。鉴于死者家属并不想打官司，经公、检两家多次调解终于达成协议：由周某赔偿死者家属6万元。

【律师解读】

周某与李某推搡戏耍时，李某突然心脏病病发，周某眼见李某发病倒地却慌张逃离，直接放任李某发病死亡的行为，其是否涉嫌过失杀人罪，可以免除刑责吗？

首先，过失致人死亡罪是指由于行为人的过失，致他人死亡的行为。主观上只能由过失构成，即疏忽大意或过于自信的过失，其中疏忽大意的过失是行为人主观上对自己的行为可能造成他人死亡的结果应当预见而没有预见；过于自信的过失是行为人对自己的行为可能造成被害人死亡的结果已经预见，但却轻信能够避免这种结果的发生。结合材料来看，周某对李某患有冠心病并不知情，也无法预见只因互相的玩笑推搡就会导致李某的死亡结果。周某的惊慌逃离也不能代表其已经预见死亡结果而故意不施救，不能以行为人遇到危险的下意反应，即认定行为人有犯罪意识，周某并不符合过失杀人罪的主观要件。周某不知李某有冠心病，也不具有恶意致李某死亡的故意，当然也不构成故意杀人罪。

其次，犯罪的成立需要行为人的行为一定要与被害人死亡结果之间具有因果关系。从本案表面上看，因周某的玩笑行为刺激了李某，导致李某心脏病病发，后周某逃离，没有施救，两者具有一定的因果关系。但在过失杀人罪的客观要件上，要求是行为人的行为造成致人死亡的后果，如果没有造成他人死亡，则不构成本罪。从案件审查上看，周某的玩笑行为不足以导致李某死亡，受开玩笑刺激导致李某死亡的诱因仅占很小比例，本案行为与结果之间不具有直接因果关系，不符合过失杀人罪的客观要件。

周某见李某倒地见死不救的行为不足以构成刑事犯罪，因这涉及先前行为引起的义务，是由于行为人的某种行为使刑法所保护的合法权益处于危险状态时，行为人负有的排除危险或者防止危害结果发生的特定积极义务。从客观上讲，周某的玩笑行为并不足以使李某处于危险状态，只是因李某的病陷入危险状态中，不能将责任完全推给周某，周某因此也不完全负有防止危害结果发生的特定义务。因此，周某的见死不救行为不能构成过失杀人罪。

尽管周某不承担过失杀人罪的刑责，但李某是与周某在玩笑过程中病发，周某见到李某陷入危险应该救助而没有救助，出于人道主义考虑，周某应承担民事赔偿责任。

54. 如何对团伙诈骗案的成员进行有效辩护？

□刘　通

【案情简介】

2016 年，雷某、曾某、唐某、陈某等人注册成立丰羽公司，该公司未实际经营。雷某等人共谋经营原油期货，并约定了比例分成，后几人从黄某处购买虚假期货软件源码后，以曹某的名义成立通达公司，经营对外销售期货软件业务。该团伙约定，由通达公司员工负责平台搭建及后期维护，丰羽公司员工负责实施具体的诈骗行为，诈骗利润按85%、15%比例分成，双方合作搭建了“金鑫平台”，用以实施诈骗。

丰羽公司对外招聘员工后，雷某负责控制被害人资金、修改平台资金数额，陈某、唐某、曾某负责作为经理带领其团队通过微信联系等方式与被害人取得联系，谎称有内幕消息，诱骗被害人投入大量资金购买“原油期货”，短时间内产生大量手续费并迅速亏损，手续费和亏损从被害人投入资金中扣除。该笔资金则被雷某等人控制，分配给陈某、曾某、唐某等人作为利润提成和基本工资。2018年10月至2019年1月间，该团伙累计骗取受害人钱财326.43万元。2019年8月，T市人民检察院对雷某、陈某等人以诈骗罪提起公诉。

【判决结果】

1. 一审判决雷某处有期徒刑十一年六个月并处罚金三十五万元；陈某处有期徒刑十年六个月并处罚金三十万元；唐某处有期徒刑十年三个月并处罚金二十五万元；曾某处有期徒刑十年并处罚金二十万元。被告人陈某、曾某、唐某不服一审判决提起上诉。

2. 二审判决维持了原审对被告人雷某、上诉人唐某的判决；撤销原审对陈某的判决，否认了公诉机关对其首要分子的指控，改判为有期徒刑十年三个月并处罚金二十五万元；撤销原审对曾某的判决，否认了公诉机关对其首要分子的指控，改判为有期徒刑三年缓刑三年并处罚金十万元。

【律师解读】

笔者接受了上诉人陈某家属的委托，担任该案上诉人陈某二审辩护人。经过多次会见，仔细查阅了卷宗后，发表如下辩护意见：

一、陈某没有非法占有被害人财物的故意，其应构成非法经营罪

根据我国《刑法》规定，诈骗罪是指以非法占有为目的，用虚构事实或者隐瞒真相的方法，骗取数额较大的公私财物的行为，而非法经营罪是指违反国家规定，未经许可从事经营法律、行政法规规定的专营、专卖物品或其他限制买卖的物品等严重扰乱市场秩序的行为。两罪区别在于，嫌疑人主观上是否以非法占有公私财物为目的、客观上是否虚构了事实、使被害人陷于错误认识而主动交付了财物。

本案中，上诉人陈某是寻找客户、带客户在涉案平台投资期货，其收入是平台给的工资和分红，而非来源于骗取的受害人财物。虽然涉案平台没有相应的资质认证，但也仅能认为上诉人陈某的行为是非法经营，其未占有客户投资的相应款项，故不应当认定构成诈骗，而仅应认定为是非法经营，原审判决显然与事实不符。

二、上诉人陈某系从犯，不应认定为主犯

根据陈某本人的口供及其他同案犯供述，陈某的工作主要是寻找客户，至于涉案平台具体如何运作、客户入账等实际情况，陈某本人从未参与，其收入也是由10%的涉案公司股份分红而来。陈某与本案另一上诉人唐某在公司从事的工作内容、性质相同，但原审判决中，唐某被认定为从犯，陈某却被认定为主犯，原审判决显然与事实有极大出入。

三、原审判决上诉人陈某量刑过重，应当改判

笔者认为陈某是共同犯罪中的从犯，应从轻处理。《刑法》第二百二十五条规定，扰乱市场秩序，情节严重的，处五年以下有期徒刑或者拘役，并处或者单处违法所得一倍以上五倍以下罚金；情节特别严重的，处五年以上有期徒刑，并处违法所得一倍以上五倍以下罚金或者没收财产。依据本案事实，上诉人陈某的犯罪行为不属于情节特别严重。

本案中，原审被告人雷某作为该犯罪集团的实际负责人、控制人，原审判决对其犯罪的定性、量刑均无疑义。但对于陈某、曾某，笔者认为，原审判决对其在共同犯罪中的作用认识显然不够清晰，导致判决量刑过重。

本案是典型的团伙诈骗案，对于团伙诈骗，无论是办案机关，还是各被告人的辩护律师，一个最重要的点就是各被告人在团伙行骗时所起的作用，因为这直接关系到各被告人的主从犯地位的确认及最后的量刑。笔者认为，该种类型的犯罪中，某特定被告人主从犯的区分，主要就是看：（1）该名被告人是否为该团伙的实际控制人、组织发起人或主要负责人；（2）该特定的被告人在该团伙中是否与他人形成层级管理、互相勾连、控制所有涉案的下级小团体；（3）该名被告人在诈骗过程中直接、间接经手或最终控制的涉案金额数目。这三点理清，基本就能确定团伙诈骗案中某特定被告人的犯罪定性及量刑。

55. 为母亲治病抢劫，犯罪动机影响被告人量刑吗？

□ 康文平

【案情简介】

2012年1月11日，何某、范某来到某县踩点，决定抢劫某县某银楼。1月12日7时48分，两人骑摩托车，戴着头盔、口罩，手持铁锤及发令枪冲进某银楼，两人朝天花板各开一枪，砸碎柜台玻璃抢走各类黄金饰品61件，共计2187.14克。随后弃车趁大雾逃脱。

后两人被警方逮捕。据了解，两名年轻人家境都不好。范某母亲患有精神病，因家里贫困一直无钱医治。何某与女友生有一个男孩，却因为没钱盖房一直没能结婚。

【判决结果】

合肥市中级人民法院判决何某和范某均构成抢劫罪，判处两人各有期徒刑15年、罚金5万元。

【律师解读】

法院因家境不好、为母救命的动机是否应该给予两人宽大处理?

犯罪构成要件包括犯罪主体、犯罪的主观方面、犯罪的客观方面与犯罪客体，而动机则不是构成要件的一部分。这其中比较容易混淆的是动机与主观方面。主观方面是指犯罪主体对其实施的犯罪行为及其结果所具有的心理状态，分为故意和过失。比如，交通肇事罪就属于过失犯罪，故意伤害则属于故意犯罪；犯罪动机是指刺激、促使犯罪人实施犯罪行为的内心起因或思想活动。报复心理就是一种典型的犯罪动机。

两者对比的话，会发现犯罪动机是更深层次的思维，并与故意犯罪联系更为密切。就拿本案来说，两人可能是为母治病，实施了抢劫的行为。而在刑法中，我们不考虑犯罪动机到底多么得“正义”，只去考虑他的行为到底是故意还是过失。一旦我们将犯罪动机法律化，就会出现一个问题：每一个案子都有不同的动机，判罚就会千差万别，这显然有失公平。

虽然我国刑法中不认为犯罪动机是犯罪的构成要件，但在一些特殊情况下，动机确实可以作为酌定情节予以考虑。例如，张三因长期受到当地黑社会组织压迫，在忍无可忍的情况下将黑社会人员杀死。他的行为构成了故意杀人，但法院会考虑他被压迫的情节，从而减轻处罚。罪名没有变化，只是量刑可能会不同。

56. 行人违反交通运输管理法规，能否构成交通肇事罪？

□ 张其元

【案情简介】

2017年5月27日20时许，胡某在广州市中山路北段过马路时边玩手机边闯红灯，与袁某驾驶的摩托车发生碰撞，致使乘坐摩托车的张小小受伤，送医院抢救无效死亡。公安交警部门调查取证后作出《交通事故认定书》，认定胡某通过有交通信号灯的人行道时，未按交通信号灯指示通行，违反《道路交通安全法》第六十二条的规定，致使被害人张小小死亡，是导致此次事故的主要过错方，应承担事故的主要责任。袁某脚穿轮滑鞋驾驶摩托车，并且未戴头盔，其行为应对本次事故发生承担次要责任。检察院以被告人胡某犯交通肇事罪，向法院提起公诉。法院经审理认为，被告人胡某违反交通运输管理法规，发生致一人死亡的重大事故，负事故的主要责任，其行为构成交通肇事罪。鉴于被告人胡某有自首情节，且已向被害人家属进行赔偿并取得谅解，依法可以从轻处罚。

【判决结果】

判决被告人胡某犯交通肇事罪，判处有期徒刑十个月，缓刑一年。

【律师解读】

一、什么样的交通事故会构成交通肇事罪？

交通肇事罪是一种过失危害公共安全的犯罪。《刑法》第一百三十三条规定，违反交通运输管理法规，因而发生重大事故，致人重伤、死亡或者使公私财产遭受重大损失的，处三年以下有期徒刑或者拘役；交通运输肇事后逃逸或者有其他特别恶劣情节的，处三年以上七年以下有期徒刑；

因逃逸致人死亡的，处七年以上有期徒刑。

对于应当判处三年以下有期徒刑的情形，最高人民法院的相关司法解释作出了具体规定：（一）死亡一人或者重伤三人，负事故全部或者主要责任的；（二）死亡三人以上，负事故同等责任的；（三）造成公共财产或者他人财产直接损失，负事故全部或者主要责任，无能力赔偿数额在三十万元以上的。由此可见，公安机关是否立案追究刑事责任，一是要分清事故责任，二是要看是否符合法律规定的具体标准。如果行为人只有违章行为，并未造成严重后果，则不构成犯罪，无须立案。

二、行人能否成为交通肇事罪的主体？

依据生活经验，在交通事故中，车辆是不可缺少的要素，行人一般是"弱势群体"，但不能据此认为交通肇事罪只追究机动车及其驾驶人的责任，而不会追究行人的责任。《最高人民法院关于审理交通肇事刑事案件具体应用法律若干问题的解释》第一条对交通肇事罪的主体作出了相应规定：从事交通运输人员或者非交通运输人员，违反交通运输管理法规发生重大交通事故，在分清事故责任的基础上，对于构成犯罪的，依照《刑法》第一百三十三条交通肇事罪的规定定罪处罚。从上述司法解释可见，如果行人违反交通运输管理法规，危及了交通安全，造成重大交通事故，也应当按照交通肇事罪处罚。

57. 抑郁症是否可以作为从轻处罚的依据？

□ 康文平

【案情简介】

2019 年 3 月 23 日晚，杨某淇因想要自杀却下不去手，便"杀人练胆"。随后，杨某淇拿着准备好的工具打了一辆滴滴车，在司机完全没有防备的状态下，向其背后猛扎，共计 24 刀。被害人当场死亡。

案发后，杨某淇在朋友的劝说下投案自首。经鉴定，杨某淇患有抑郁症，在作案时处于限定刑事责任能力状态。

【判决结果】

被告人杨某淇犯故意杀人罪，判处死刑，缓期两年执行，限制减刑。

【律师解读】

本案中一共有两个酌情减轻处罚的情节：自首与精神病。自首情节笔者不作更多的赘述，主要分析一下这个“抑郁症”作为酌情从轻处罚是否合理。

《刑法》中规定，以下四种人属于限定刑事责任能力人：1. 已满 14 周岁不满 16 周岁的未成年人；2. 尚未完全丧失辨认或者控制能力的精神病病人；3. 盲人；4. 又聋又哑的人。本案的判决，认为杨某淇属于上述的第二种情况，所以应从轻处罚。

抑郁症是一种精神疾病，在发病期间也确实有可能会做出伤害他人的举动。但一般都是在受到某种刺激后发病才做出的行为，如因愤怒杀人的马加爵案；还有一种出于“怜悯”的心态，如孕妇产后抑郁想要自杀却担心自己的孩子，遂将孩子先杀死。

也就是说，抑郁症与其他类型精神病不同，患者有着一定的自控能力，只有在受到某种刺激时才会伤害他人。另外还有一点值得注意的是，在大部分抑郁症伤害案中，犯罪嫌疑人所攻击的对象都是朋友、亲人等熟悉的人。

而本案中的杨某淇，在行凶之前没有任何证据证明其受到任何刺激，也没有证据证明其与被害司机有任何渊源。也就是说，他的行为与其他抑郁症伤人案完全不同。

此案的判决一定会给往后的伤害案件增加一定的难度。可以想象，以后肯定会出现许多犯罪嫌疑人以抑郁症为借口来减轻处罚。所以，笔者认为，抑郁症到底是否可以作为从轻处罚的理由还需要更多资料予以佐证，如医学报告、以往案例等。

58. 张甲“资助”上访构成敲诈勒索，为何二审改判?

□ 李亚普

【案情简介】

张甲为山东省某市某村村主任。阚乙为该村支部书记且在该村新建一幢供销大厦。

2017 年 4 月 26 日，张甲与村民王丙签订了《土地承包经营权转让协议》，购买了王丙位于阚乙供销大厦相邻的一块土地。张甲的目的是让阚乙高价购买该土地。

该村村民谢丁居住在供销大厦相邻的居民楼。该居民楼的多名住户以阚乙新建的供销大厦遮挡其所住的居民楼 X 单元的阳光为由向阚乙索要赔偿，应向 X 单元每户赔偿 2 万元遮阴费，阚乙拒绝接受。

2017 年 6 月，被告人张甲、谢丁等人商议由被告人谢丁组织 5 人以上到北京上访反映阚乙的供销大厦为违法建筑以达到让阚乙高价购买张甲的土地及赔偿谢丁遮阴费的目的。张甲支付给谢丁等人差旅费 1.5 万元。2017 年 6 月至 7 月，被告人谢丁 5 次组织村民到北京进行多人上访。2017 年 7 月 17 日，镇政府迫于上访压力让阚乙给付张甲、谢丁等人土地流转费、遮阴费共计 32 万元。

2017 年 7 月 21 日，张甲因涉嫌敲诈勒索罪被刑事拘留，一审法院以张甲资助谢丁等人以上访的形式向政府索要钱款构成敲诈勒索罪，对张甲判处有期徒刑五年。张甲不服，提起上诉，二审辩护人为笔者。

【判决结果】

山东省某市中级人民法院对张甲改判为有期徒刑三年零六个月。

【律师解读】

笔者接受委托后，第一时间会见张甲，了解案件的具体情况，提出了以下辩护意见：

一、谢丁等人索要遮阴费是合理合法的行为，谢丁等人不构成犯罪，张甲也更不可能构成犯罪

阚乙因为房屋遮阴问题对其他户已经进行了赔偿，也就是说房屋遮阴费的损失是确实存在的，而不是谢丁等人恶意杜撰出来的。谢丁不具有“非法占有的目的”。一审法院认为“作为居住为准最高、遮阴最轻的被告人谢丁索取的遮阴费远大于其邻居，已经构成犯罪”是错误的。

二、信访是公民的基本权利，谢丁等人行使的是合法的权利

谢丁等人上访不是敲诈勒索罪中的威胁行为。谢丁不构成犯罪，张甲也不可能构成犯罪。

三、政府没有生命权、健康权和名誉权，不能成为被勒索的对象

笔者认为张甲身为基层组织的工作人员，遇到问题不能正确处理，而是采取“上访”等过激手段进行维权，其方式方法肯定是错误的。但是，虽然其方法错误，但不构成犯罪。其错误的维权方式仍应是一种民事维权行为。根据刑法的谦抑性，对这种行为不应该通过刑事手段进行处理。而实践中，政府对上访的行为是不予支持的，公民采取上访维权往往会被以寻衅滋事罪、敲诈勒索罪进行追责。律师代理这种案件一定要坚持、争取才有可能会为当事人争取到合法的权益。

59. 进京信访，是否涉嫌寻衅滋事罪?

□ 王旭东

【案情简介】

2019 年初，浙江省某县开始实施土地征收工作，涉及到某村村民饶某的承包地，由于饶某认为补偿标准偏低且征收过程不公开、不透明，因此一直未能与征收方达成安置补偿协议。2019 年 9 月下旬，饶某一行 5 人从浙江出发，先后辗转杭州，山东等地，乘坐普通列车、长途大巴等交通工具，于五日后到达北京。抵京后饶某等 5 人先后到国家信访局，中纪委，最高院等国家机关进行信访活动。抵京后第二日某县驻京工作人员将饶某等 5 人控制，随后交由某县公安民警将其带回户籍地并予以刑事拘留，指控罪名为涉嫌寻衅滋事罪。

【处理结果】

侦查机关对饶某取保候审并当天予以释放。

【律师解读】

2019 年 10 月中旬，饶某家属委托北京市盈科律师事务所王旭东律师为其辩护律师，负责其侦查阶段的辩护工作。根据家属的初步描述，笔者判断此案是由于对征收活动不满进行信访而引发的刑事案件。笔者在第一时间赶赴当地，在会见过程中，笔者了解到此次信访的起因是由于某县土地征收，饶某家的承包水塘在征收红线之内，由于其认为补偿标准太低且征收工作不公开、不透明，双方始终无法达成安置补偿协议。然而 2019 年中，饶某的承包水塘被征收方强制清理，饶某对此不服才到北京进行信访。笔者进一步了解到在信访过程中，饶某的任务仅仅为排队领号，其他人负责递交材料陈述情况。在3个机关门口饶某一行人也没有拉横幅、喊口号或阻碍交通等行为。因此笔者认为饶某的行为不符合寻衅滋事罪的构成要件，首先饶某在信访过程中主要工作是帮助其他人排队，没有破坏社会公共秩序的行为。其次饶某为女性，年龄较大且文化程度较低，认为信访就是古时候的进京告状，希望“青天大老爷”能主持公道，因此其也不存在主观犯罪恶性。笔者认为对饶某采取取保候审措施不致产生社会危险性。因此笔者马上起草了《取保候审申请书》，其中详细阐述了上述理由并提交侦查机关。令人吃惊的是侦查机关当天即作出《不予变更强制措施通知书》，认为对饶某采取取保候审尚不足以防止发生社会危险性，决定不予变更强制措施。笔者认为侦查机关如此迅速的就作出不予变更强制措施的决定，缺乏严格审查及慎重考虑。因此笔者立即与办案人员电话沟通，得知其看法为“饶某等几人从当地出发后，绕道杭州、山东等地，先坐火车后改乘长途大巴，这几个人如此费尽周折证明他们是知道进京信访是违反规定的，因此他们有犯罪的主观性。”笔者认为应严格按照刑法所规定的犯罪构成要件及司法解释的精神来综合判定其是否构成犯罪，而不能仅由更换交通工具就认定其有主观犯罪的故意，并指出本案是由征地拆迁纠纷而起，被征地农民为了维护自身权益而信访，其还是本着相信党相信政府的初衷来解决问题的，虽然其中可能存在维权方法不当的瑕疵，但是事实上并没有扰乱公共社会秩序，因此不应当被评价为刑法意义上的犯罪。在经历了多轮沟通后，最终侦查机关采纳了笔者的意见。

本案的案情并不复杂，但却具有一定的典型指导意义。随着中国城市化进程的不断推进，诸如征收拆迁纠纷、信访引发的新闻事件，寻衅滋事罪可能成为解决此类问题的法律依据。

寻衅滋事这个罪名是从1979年刑法的大“口袋”流氓罪而来（聚众斗殴，寻衅滋事，侮辱妇女或者进行其他流氓活动，破坏公共秩序，情节恶劣的行为，其刑罚最高为死刑）。1997年刑法确定了罪刑法定原则。为体现罪刑法定所倡导的明确性，流氓罪被分解为多个具体罪名，如聚众斗殴罪、聚众淫乱罪、强制猥亵、侮辱罪、寻衅滋事罪等等。寻衅滋事罪又成了一个新的“口袋罪”。这个罪的内容非常宽泛，且大量使用了诸如

"随意"、"任意"、"情节恶劣"、"情节严重"、"严重混乱"等模糊性词语，而很难确定此罪所针对的具体行为。因此在法律理论界，一直有废除该罪的声音，有相当多的学者认为该罪违反了罪刑法定原则，应予废止。但是也有学者认为该罪可以实现处罚的兜底性，弥补其他罪名的惩罚漏洞。

笔者认为应当严格遵循罪刑法定的原则。犯罪和刑罚的规定不仅要事先公开，而且还应尽可能地明确。法律规定的模糊性会引发不可预知的严重的后果。首先它剥夺了民众的合理预期，民众无法判断自身行为合法或者非法的边界，让人无所适从。其次法律规定的模糊性有可能导致司法人员根据自身偏好进行选择性执法，在某种意义上它赋予了执法机关以绝对的权力去任意解释"寻衅滋事"。

从政策角度来看，"口袋罪"的价值取向是为了社会稳定，这是由大陆法系立法和执法之间的矛盾所导致的必然结果。因为立法体系不可能穷举每一项具体的违法形式的，而执法又需要法律对具体的行为是否违法进行规约。但违法毕竟不完全等同于犯罪，寻衅滋事入罪与否，还需要考虑其入罪门槛。而正因为寻衅滋事罪的入罪门槛不明确，才有了寻衅滋事罪是口袋罪的说法。在司法实践中，司法机关的评判尺度时常会受到社会总体形势的影响，在社会治安恶化或"不稳定"因素抬头时期，寻衅滋事罪入罪标准就可能被人为降低。

2005 年 5 月 1 日国务院公布新的《信访条例》，同时废止了 1995 年 10 月 28 日国务院发布的旧《信访条例》。《信访条例》第四条规定："信访工作应当在各级人民政府领导下，坚持属地管理、分级负责，谁主管、谁负责，依法、及时、就地解决问题与疏导教育相结合的原则。"2014 年 4 月，国家信访局印发《关于进一步规范信访事项受理办理程序引导来访人依法逐级走访的办法》，引导依法逐级走访。文件明确分级受理来访事项，对跨越本级和上一级机关提出的来访事项等 6 种情况，不予受理或不再受理。因此信访虽然是人民群众享有的一项表达意见和诉求的权利，但是需要遵循属地管理、分级负责的原则，越级信访在原则上是不予受理的。从法律风险防范角度而言，越级信访存在着涉嫌寻衅滋事罪、聚众扰乱社会秩序罪及聚众扰乱公共场所秩序、交通秩序罪的风险。因此在个人利益受到侵犯时，一定要选好维权方式，通过司法救济途径来合法维护个人权益，避免因维权手段不当而遭受进一步的损失。

60. 陈二不构成犯罪首要分子，二审为何改判?

□ 李岩玲

【案情简介】

2018 年 3 月至 2019 年 1 月，陈某、许某与陈二、陈三等十人同为广东某市某县某村人，为讨要本村征收土地的补偿金，多次敲锣打鼓召集人员到镇政府、市政府喊口号及拉横幅上访，并组织人员驻点拦截施工车辆等向有关部门进行施压，扰乱社会秩序、影响工作与生产。2019 年 5 月，广东某县人民检察院以涉嫌聚众扰乱社会秩序罪公诉陈某、许某与陈二、陈三等十位被告人到广东某县人民法院，其中指控陈某、许某与陈二、陈三为首要分子。

【判决结果】

1. 一审判决陈某、许某构成犯罪首要分子判处有期徒刑三年两个月和三年；陈二、陈三不构成犯罪首要分子判处有期徒刑两年六个月、两年；其余被告人缓刑处罚。

2. 陈某、许某与陈二、陈三对判决结果不服上诉到广东某市中级人民法院。

3. 二审判决撤销对陈二、陈三的原判，依法改判陈二、陈三有期徒刑两年、一年六个月；维持对陈某、许某的判决。

【律师解读】

笔者接受了陈二家属的委托担任一审的辩护律师。经过多次会见陈二并认真研读案卷，认为陈二在本案不构成犯罪首要分子。广东某县人民法院一审判决采纳律师辩护意见认为："未有充分证据证实陈二、陈三在本案中起到了煽动、组织、指挥作用，对陈二、陈三及辩护人辩解其不是犯罪首要分子的辩解意见予以采纳"。陈二家属继续委托笔者做二审辩护律师，陈二以量刑过重，要求缓刑提起上诉。

二审辩护律师的工作为：提交《二审开庭审理申请书》《证人陈四出庭作证申请书》《关于陈二非监禁刑处罚二审法院委托社会调查的法律意见》《二审法院相关司法判例目录（含内容）》《聚众扰乱社会秩序罪类案比较》。

二审法院决定不予开庭审理，律师提交二审辩护意见如下：（1）本案一审程序违法；（2）一审判决认定事实、适用法律有错误；（3）二审法院量刑过重应依法改判并做缓刑处罚。辩护人提交了多起司法判例，表明对陈二改判缓刑符合法律规定并与当前司法实践、司法政策相呼应。我国虽然不是判例法国家，最高人民法院及最高检察院也一再强调指导案例重要意义，及同案同判、类案判决也要相当。广东省某市中级人民法院判决，其中一位首要分子二审改为积极参加者刑期降为两年，与其他积极参加者同样为两年并缓刑三年。本案陈二认定为积极参加者，一审做出两年六个月的刑期不适用缓刑显然是过重，应予降低刑期到一年六个月以下并适用缓刑，以彰显司法公正。

二审法院认为"综合考虑上诉人的犯罪事实、犯罪性质、情节对社会的危害程度及在二审时的认罪态度等情况，本院依法酌情对部分上诉人的量刑作调整"，采纳量刑过重的辩护意见，依法对上诉人陈二将一审判决的有期徒刑两年六个月改判为有期徒刑两年。

61. 交通肇事逃离现场后又投案自首的行为，能否认定为“肇事后逃逸”？

□ 张其元

【案情简介】

2018年5月20日16时许，孙某沿着上海市华卫路开车时，因疏忽大意闯红灯与行人张某和王某相撞，造成张某当场死亡，王某受重伤的重大交通事故。事故发生后，孙某拨打110报警，并将受害人王某扶至路边，后弃车逃离现场。次日下午，孙某向公安机关投案自首。经公安机关事故责任认定，孙某驾驶车辆的制动性能不符合要求，亦未定期进行安全技术检验，违反交通信号灯规定行驶，且遇情况采取措施不当导致事故发生，负事故的全部责任。检察院以被告人孙某犯交通肇事罪，向法院提起公诉。

【判决结果】

判决被告人孙某犯交通肇事罪，判处有期徒刑两年。

【律师解读】

一、什么行为可以认定为交通事故肇事后逃逸？

交通运输肇事后逃逸，是指发生道路交通事故后，道路交通事故当事人为逃避法律追究，驾驶车辆或者遗弃车辆逃离事故现场的行为。逃逸行为给案件的调查取证和救助被害人都会造成很大困难，有必要科处较重的刑罚。在实践中，逃逸行为有驾车逃逸、弃车逃逸和潜逃藏匿三种情形。最高人民法院《关于审理交通肇事刑事案件具体应用法律若干问题的解释》第三条规定，“交通运输肇事后逃逸”，是指行为人符合交通肇事罪的构成要件，并存在为逃避法律追究而逃跑的行为。即要求当事人存在逃避法律追究的故意、不履行救治伤者等义务、不履行接受公安机关交通管理部门的调查和配合调查的义务。

二、孙某的行为能否认定为“肇事后逃逸”?

在司法实践中，肇事人逃逸的目的大多是为了逃避法律追究，但也有少数肇事人的逃逸确实是出于害怕受害方或者其他围观群众对其进行殴打或者当时精神高度紧张，慌乱而逃等原因。根据立法设置“交通肇事后逃逸”加重处罚情节的初衷，要求在认定肇事人“逃逸”时不能仅看肇事人是否离开现场，其关键在于肇事人是否积极对被害人进行救助，如拦截车辆将被害人送往医院，并立即报案，在医院守候等待公安机关的审查处理，虽然其离开了肇事现场，但系为了救助被害人所致，当然不属于交通肇事后“逃逸”。反之，如果肇事人积极履行救助义务后没有立即投案，如将被害人送往医院后逃跑的，或者虽然肇事人立即投案但有能力履行救助义务却没有积极履行的，均属于肇事后“为逃避法律追究”的逃逸行为。

本案中，孙某在交通肇事后虽然实施了“拨打电话报警，并将被害人王某扶至路边”的救助行为，但他为了逃避法律追究离开现场后并未立即投案，属于“为逃避法律追究而逃跑”，投案自首时已经属于“交通肇事后逃逸”，不能因后来的自首而否定其当时的逃逸行为。

62. 保外就医莫造假，五狱医为何判刑?

□ 康文平

【案情简介】

王某因犯故意杀人罪于2005年12月12日被某中院判处死缓，2006年4月14日投入某第一监狱服刑。2008年6月30日，内蒙古自治区高院裁定对其减为无期徒刑。2011年3月11日，高院裁定对其减为有期徒刑15年。

2011 年 4 月 1 日至 4 月 29 日，王某因患冠心病 - 急性心肌梗死、心功能Ⅱ ~ Ⅲ级，在监狱局医院住院治疗。因王某病情严重，需要做心脏支架手术，2011 年 4 月 29 日经自治区监狱管理局批准保外就医（急保）6 个月。

此后，王某 6 次获得保外就医和 1 次暂予监外执行，活动在监狱外的时间长达 7 年。在此期间，王某得以外出旅游、工作、结婚生子。经调查，王某存在病例造假行为。协助其造假的正是以王某（时任监狱局医院分管医疗、保外就医病情鉴定工作的副院长）为首的五名狱医。

【判决结果】

1. 一审判决被告人王某犯玩忽职守罪，判处有期徒刑五年六个月；被告人高某、张某、李某、陈某犯滥用职权罪，分别判处有期徒刑五年、五年、三年三个月、三年。高某、张某、陈某不服，提出上诉。

2. 某中院二审裁定驳回上诉，维持原判。

【律师解读】

这起案件与呼伦贝尔男子巴图孟“纸面服刑”案件非常相似，作案手法都是谎称病情危重使得犯人可以保外就医。略有不同的是，此案处理的是涉嫌滥用职权的工作人员，而另一起案件的重心一直在犯人身上。

无论是哪一起案件，都让我们担心，如果犯人可以利用“保外就医”逃脱法律的制裁，那法律的威严何在。各位同僚肯定很清楚，办理保外就医到底有多么繁琐，不仅在事实上对疾病的要求十分苛刻，在程序审批上更是复杂。

一、要求苛刻的疾病事实

保外就医体现的是一种人道主义精神，属于监外执行的一种。这本就是为了那些有重大疾病的犯人而设立的，试想一下，如果一个犯人身患重病还不让治疗的话，那就等同于变相刑罚。

保外就医，顾名思义，是在犯人患有严重疾病的情况下需要出狱救治的执行方法。也就是说，严重的疾病是保外就医的前提。《罪犯保外就医执行办法》的通知规定，已被判处无期徒刑、有期徒刑或者拘役的罪犯，在改造期间有下列情形之一的，可准予保外就医：(1) 身患严重疾病，短期内有死亡危险的。(2) 患严重慢性疾病，长期医治无效的。(有刑期限制) (3) 身体残疾、生活难以自理的。(4) 年老多病，已失去危害社会可能的。

简单来说，罪犯或是得了危及生命的疾病，或是无法自理的，才可以保外就医。而本案中的王某完全不满足上述任何一种情形。不仅如此，王某一共病危了6次都没有死亡，可以说是医学奇迹了。更令人不能接受的是，王某在保外就医期间还外出旅游、工作，甚至结婚生子。这本身就是一件非常滑稽的事情。

二、相当繁琐的办理程序

即便满足了疾病事实这个前提，还需要遵守保外就医的程序。这个程序不仅要求医院开具证明文件，还要求争取受害人家属与公安机关的意见。

办理保外就医的程序：(1) 到省级人民政府指定的医院开具证明文件。(2) 填写《罪犯保外就医征求意见书》，征得犯人家属和所在地公安机关意见。取保人和被保人应当在《罪犯保外就医取保书》上签名或盖章。(3) 对需要保外就医的罪犯，由看守所填写《罪犯保外就医审批表》，连同《罪犯保外就医征求意见书》、有关病残鉴定和当地公安机关意见，报审批机关批准；同时将上述副本送给担负检察任务的派出机构。(4) 罪犯保外出所时，应写出罪犯出所鉴定意见，发给《罪犯保外就医证明书》，并对罪犯进行遵纪守法和接受公安机关监督的教育，同时，应将《罪犯保外就医审批表》《保外就医罪犯出所鉴定表》、人民法院判决书复印件或者抄件，及时送达罪犯家属所在地的同级公安机关和人民检察院。取保人应当具备管束和教育保外就医罪犯的能力，并有一定的经济条件。取保人资格由公安机关负责审查。

在这么严格的审批之下，王某竟可以顺利地作假出狱，手段可见一斑。或是缺少法定的审批程序，或是上下官员串通一气。笔者认为应该彻查并予以严惩。

综上所述，保外就医的设立肯定是正确的，只是被一些贪赃枉法的人钻了空子。与其思考保外就医的利弊，不如从监督方面下手。普及人民群众的法律意识，让监督从群众中来，势必可以达到成效。

63. 遗弃母亲致死，逆子为何判刑一年？

□ 贾智明

【案情简介】

2017年6月，岳某成将时年84岁、有言语障碍的母亲王某接回了云南某县的家中一同生活。岳某成在外务工，其妻子经常以各种理由辱骂、驱逐王某。在这样的虐待中，母亲王某常因为惧怕儿媳而离家出走。岳某成返回家中治病，其妻子对王某的虐待更变本加厉，王某不堪忍受，独自到村内废弃牛圈居住，期间以生食南瓜、玉米、芋头等农作物生存。在王某居住牛圈期间，岳某成不提供基本生活物资，不照顾、不供养。村镇两级工作人员多次到岳某成家中劝阻，工作人员走后，又一切照旧。王某再次到猪圈居住，以食南瓜和馊饭为生。2019年11月1日，村民发现王某趴倒在地上。工作人员到场后，发现王某躺在地上奄奄一息。经治疗后，2019年11月4日，王某于家中死亡。

【判决结果】

岳某成犯遗弃罪，判处有期徒刑一年。

【律师解读】

我国《婚姻法》明确规定：“禁止家庭成员间的虐待和遗弃。”“子女不履行赡养义务时，无劳动能力的或生活困难的父母，有要求子女付给赡养费的权利。”可见，对于无劳动能力的或者生活困难的父母，可以在子女不履行赡养义务时，主张赡养费。那不赡养母亲，会不会构成犯罪呢?《刑法》第二百六十一条规定，“对于年老、年幼、患病或者其他没有独立生活能力的人，负有扶养义务而拒绝扶养，情节恶劣的，处五年以下有期徒刑、拘役或者管制”。

本罪的主体是特殊主体，是对被遗弃者负有抚养义务而且有抚养能力的人。主观方面必须是故意，也就是明知自己有抚养义务而拒不抚养。侵犯的客体是被害人在家庭成员中的平等权利。对象只限于年老、年幼、患病或者其他没有独立生活能力的家庭成员。本罪在客观方面表现为对年老、年幼、患病或者其他没有独立生活能力的家庭成员，应当抚养而拒不抚养，情节恶劣的行为。

就本案而言，岳某成有赡养能力、赡养义务，对自己年老没有独立生活能力的母亲不尽赡养义务。母亲被妻子赶出家门后，岳某成不提供基本生活来源，不予照顾，导致被害人王某死亡，岳某成构成遗弃罪。

子欲养而亲不在，用于感叹子女希望尽孝时，父母已等不到这一天，已经亡故。几千年来，许多人想起这句话失声痛哭、泪啼连连，心中充满对父母的无限思念及深深内疚。无独有偶，逆子岳某成在母亲健在时竟然不管不问，不尽赡养义务，放任母亲住牛圈、忍饥受饿，最后惨死。此事发生后，世人对岳某成的行为无不愤恨。老有所养，是子女的责任，也是社会的责任。如果村镇工作人员对老人采取救济措施，如果当地司法机关早日将岳某成绳之以法，或许此案悲剧不会发生。此案没有假设，掩卷深思，唯有叹息。

64. 于某案对正当防卫为何具有里程碑意义？

□ 康文平

【案情简介】

2016 年 4 月 13 日，吴某在苏某已抵押的房子里，指使手下拉屎，将苏某按进马桶里，要求其还钱。当日下午，苏某四次拨打 110 和市长热线，但并没有得到帮助。2016 年 4 月 14 日，由社会闲散人员组成的 10 多人催债队伍多次骚扰女企业家苏某的工厂，辱骂、殴打苏某。苏某的儿子于某目睹其母受辱，从工厂接待室的桌子上摸到一把水果刀乱捅，致使杜某等四名催债人员被捅伤。其中，杜某因未及时就医导致失血性休克死亡，另外两人重伤，一人轻伤。

【判决结果】

2017 年 2 月 17 日，一审法院判处于某无期徒刑。

同年 6 月 23 日，山东省高级人民法院认定于某属防卫过当，构成故意伤害罪，判处于某有期徒刑 5 年。

【律师解读】

此案对于正当防卫的应用具有里程碑式的意义，被选为“2017 年推动法治进程十大案件”之一。

在于某案发生之前，法院、检察院根本不愿或是不敢提起“正当防卫”这四个字。可能是因为正当防卫的认定比较复杂，过程比较繁琐；或是因为无法面对受伤的被害人，即便这个所谓的被害人“罪大恶极”。

就像本案中一审认定的一样，于某在被逼无奈之下进行了反击，击伤、击杀了几个无恶不作的坏人，竟被认定为故意伤害，这完全就是出于对正当防卫的漠视。

最令笔者无法接受的是，法院认为，要债团伙在要债时没有携带任何的武器，所以对于某及其母亲的不法侵害不存在“紧迫性”，自然也就不属于正当防卫。这种想法是何其主观，2 人面对 10 余人，这 10 余人还需要携带武器吗？这 10 余人的力量不足以打伤 2 人吗？

所以说，法院给出的理由完全站不住脚，当然这点也在二审中被纠正了过来。最后，二审判决认为于某的行为属于正当防卫，但超出了必要限度。

按照当时的经验来看，于某能得到这种结果可以说是幸运的了。但随着司法实践大力倡导正当防卫的适用，于某案如果发生在今天，则很可能构成正当防卫，不需要负任何刑事责任。

2020 年 9 月，最高人民法院、最高人民检察院与公安部发布了《关于依法适用正当防卫制度的指导意见》，其中第六条规定，对于不法侵害虽然暂时中断或者被暂时制止，但不法侵害人仍有继续实施侵害的现实可能性的，应当认定为不法侵害仍在进行。

也就是说，对于“紧迫性”的评判不能过于客观，应以当事人的主观意识为准，或者是以一个普通人在案发时是否会做出相同的行为为准。

据相关报道披露，杜某在催债时，不仅出言侮辱，还脱了裤子把性器官往于某母亲脸上蹭。面对这种情况，试问谁不会反抗？

即便反抗，1 个人也根本不可能是 11 个人的对手。在被暴打一顿之后，警察前来也仅是说了一句：“要债可以，不能打人便走了。”当时的于某等于是失去了最后一根救命稻草，除了以死相搏，哪还有其他的办法？

于某一案的结果，既是幸运的，也是悲哀的。幸运的是推动了法律的进步，降低了刑罚；悲哀的是只有一只脚赶上了“正当防卫”这班车。

65. 遭遇校园霸凌，捅刺三人可否构成正当防卫？

□ 韩英伟

【案情简介】

2019年5月17日中午，在吉首某校园内男厕所里发生了一起伤人事件。还差一个月满15岁的小蒋，被同年级的15名学生围着：对方一人上前，将小蒋摔倒在地，随后十余人一拥而上，对他拳打脚踢。混乱中，小蒋拿出一把事先准备好的折叠刀乱舞，刺伤了围攻他的3名同学。其中，两人为重伤二级，另一人为轻微伤。

【判决结果】

2020年7月6日，一审法院判决小蒋无罪。吉首市人民检察院提起抗诉，认为小蒋并非孤立无助，可向师长求助而未求助，最终将两人刺成重伤，不构成正当防卫，应当以故意伤害罪追究其刑责。

【律师解读】

我国《刑法》第二十条规定，为了使国家、公共利益、本人或者他人的人身、财产和其他权利免受正在进行的不法侵害，而采取的制止不法侵害的行为，对不法侵害人造成损害的，属于正当防卫，不负刑事责任。正当防卫明显超过必要限度造成重大损害的，应当负刑事责任，但是应当减轻或者免除处罚。对正在进行行凶、杀人、抢劫、强奸、绑架以及其他严重危及人身安全的暴力犯罪，采取防卫行为，造成不法侵害人伤亡的，不属于防卫过当，不负刑事责任。

近日，最高人民法院、最高人民检察院和公安部印发《关于依法适用正当防卫制度的指导意见》的通知 ，其中第九条明确规定“准确界分防卫行为与相互斗殴。防卫行为与相互斗殴具有外观上的相似性，准确区分两者要坚持主客观相统一原则，通过综合考量案发起因、对冲突升级是否有过错、是否使用或者准备使用凶器、是否采用明显不相当的暴力、是否纠集他人参与打斗等客观情节，准确判断行为人的主观意图和行为性质。因琐事发生争执，双方均不能保持克制而引发打斗，对于有过错的一方先动手且手段明显过激，或者一方先动手，在对方努力避免冲突的情况下仍继续侵害的，还击一方的行为一般应当认定为防卫行为。

双方因琐事发生冲突，冲突结束后，一方又实施不法侵害，对方还击，包括使用工具还击的，一般应当认定为防卫行为。不能仅因行为人事先进行防卫准备，就影响对其防卫意图的认定”。

结合本案，同年级的 15 名学生围着小蒋，使小蒋的人身安全陷于不法侵害危险中；对方对小蒋拳打脚踢使得小蒋面临的不法侵害具有紧迫性；本案中小蒋预先准备好的折叠刀，其主观意图仅是在防卫而不是故意伤害他人，因为本案是受到对方先前的不法侵害导致小蒋面临人身危险。同时，小蒋刀具的使用是在面临众人对其拳打脚踢危险状态的。笔者认为本案属于正当防卫。

至于检察院所说的可向师长求助而未求助问题，笔者认为小蒋囿于年龄阶段、当时所处环境等情况，不能过多去苛责一个小孩子，只能说我国教育机制仍需健全和完善，但不能成为小蒋入罪的理由。

66. 盗窃罪中的“多次盗窃”应如何认定？

□ 康文平

【案情简介】

“喂？派出所吗？我要报案，我的两份外卖不见了！”2019 年 11 月 19 日晚，某派出所接到了一通报警电话，报案的是“外卖小哥”张某。

经警方调查发现，这名偷外卖的人是惯犯，仅2019年内就已经偷了4次外卖，并且都已经得到了行政处罚。而这一次是他偷外卖的第5次。对于这种屡教不改的外卖小偷，检察院决定起诉。

【判决结果】

某法院判决被告人阮某犯盗窃罪，判处有期徒刑七个月，并处罚金人民币1000元。

【律师解读】

这是一起典型的具有“多次盗窃情节的”盗窃犯罪。不难发现，这个案件中的多次盗窃有一个前提，就是这名小偷已经接受过4次行政处罚，而不是因为之前有过3次以上的盗窃行为。

《刑法》第二百六十四条规定，“盗窃公私财物，数额较大的，或者多次盗窃、入户盗窃、携带凶器盗窃、扒窃的，处三年以下有期徒刑、拘役或者管制，并处或者单处罚金；数额巨大或者有其他严重情节的，处三年以上十年以下有期徒刑，并处罚金；数额特别巨大或者有其他特别严重情节的，处十年以上有期徒刑或者无期徒刑，并处罚金或者没收财产”。

如果从字面角度理解，多次盗窃指的就是盗窃了多次（司法解释中认为两年内盗窃三次为多次）。也就是说，无论行为人盗窃了什么东西，无论数额大小，只要两年内盗窃了三次即构成了盗窃罪。这种字面的理解显然脱离了刑法的范围。

举个例子：一位大爷因贪图小便宜，每天在蔬菜店内偷取价值五元的菜品，偷了三次之后被发现。按上述解释分析，大爷的行为构成了盗窃罪。但这之中出现了一个问题，就是三次盗窃的价值只有15元，这完全可以通过行政处罚对行为人进行惩戒。

《治安管理处罚法》第四十九条规定，盗窃、诈骗、哄抢、抢夺、敲诈勒索或者故意损毁公私财物的，处5日以上10日以下拘留，可以并处500元以下罚款；情节较重的，处10日以上15日以下拘留，可以并处

1000 元以下罚款。5 日以上的拘留及罚款的惩罚大于 15 元的收益，这种惩罚就足够。

再从立法的目的来看，刑法主要是针对那些具有社会危害性的犯罪行为。偷菜这种行为很难理解为对社会具有危害性，既不可能造成严重的损失，又不存在致使数额较大财物受到侵害的可能性，何必浪费司法资源进行处理?

反观本案，该行为人已经被处罚 4 次，属于屡教不改型，认定为主观恶性较大没有什么不妥。在某种程度上，行政处罚已经无法对其作出警示，只能启用更严肃的手段。

在审判过程中，该男子还说出了令人瞠目结舌的话："我这个人人品是好的，是有素质的，我就是饿得不行才拿一点吃的，你们要理解我。"毫无悔过表现。

总的来说，"多次盗窃"不应以三次作为情节，而应参考行为人是否被行政处罚，同时也要考虑行为是否有盗窃更大财产的可能性和目的，只有综合考量才能更有效地利用司法资源。

67. 十岁女童惨死，刑事责任年龄是否需要修改?

□高 庆

【案情简介】

2019 年 10 月 20 日 3 时许，某市发生一起故意杀人案。当日下午 3 点 22 分，被告蔡某某（13 岁男童）将本小区小淇（10 岁女童）骗至家中，下午 3 点 28 分，仅 6 分钟之后，蔡某某就将小淇杀害。这 6 分钟里，蔡某某进行了搂抱、性侵未遂、殴打、掐脖、刀刺 7 刀等一系列行为。可以说时间是非常短，作案工具是一把折叠刀，蔡某某在作案过程中划伤了手。

下午 3 点 56 分，蔡某某将小淇的遗体抛至阳台对面的小树林，距离差不多 10 米，使用的是抓住小淇的手在地上拖拽的方法。家中沙发腿、栏杆、客厅垃圾桶、厕所垃圾桶中均有血迹。下午 4 点半左右，小淇爸爸寻找小淇，蔡某某再次出现问他“你女儿找着没有”，神情毫无异常。晚上 7 点 20 分，小淇父亲打着手电筒找到被垃圾袋包裹的女儿。法医鉴定，小淇的致命一刀在肝脏，死因是失血过多。晚上 7 点 30 分至 8 点 30 分，小淇被发现后，蔡某某在班级群“自导自演”假装无辜，并分析杀人凶手“要么是熟人，要么是心理变态”。晚上 11 点，蔡某某被抓获，并供述出事实。3 天后因未成年被释放，引发舆论。警方依法不予追究加害人蔡某某刑事责任，对其进行 3 年收容教养。小淇家人无奈，只得提起民事诉讼。

【判决结果】

法院判决，凶手蔡某的父母（蔡某某、庄某某）向原告小淇母亲及家人公开赔礼道歉，并民事赔偿 1 286 024 元。

【律师解读】

依照《刑法》第十七条第二款：加害人未满十四周岁，未达到刑事责任年龄，依法不予追究刑事责任。按照十七条第四款：因不满十六周岁不予刑事处罚的，责令他的家长或者监护人加以管教；在必要的时候，也可以由政府收容教养。此案警方对加害人男孩蔡某某收容教养 3 年有法律依据。

此案发生后，社会各界对小淇的惨死无不愤怒，对蔡某某的行为要求严惩。结合近年来发生的少年暴力事件，处罚往往是不了了之，或者是高高举起，轻轻放下，让整个社会对刑事责任年龄是否需要修改这个问题展开了热烈的讨论。本案再次为这个问题添了一把柴，让这个问题变得不容回避，也在受害人及其亲属的心上戳了一刀。

中国刑事诉讼法学会的主流观点认为，降低刑事责任年龄无法从根本上解决低龄未成年人实施危害行为的问题，而是会形成交叉感染，反而不利于修复社会关系。但本文作者不同意这种观点。

我国从大清新刑律以来，逐步形成了14周岁、16周岁两个刑事责任年龄划分节点，但要考虑到这种划分的历史性与局限性，有必要作出相应的修改。先不说和晚清的社会状况相比，就是和50年前的社会状况相比，一个14岁的孩子的身体发育状况、认知水平、受教育水平、社会关系等和现在差别多大？现在14岁的孩子比之前的孩子身体条件要好很多，认知水平高很多，受教育水平高很多，社会关系也复杂得多，当然对犯罪的认知水平、对犯罪方法、对犯罪后果等都有一定的了解，也就是现在14岁孩子的犯罪主观恶意要比50年前的同龄人要大。本案中蔡某某在杀人后神态自如并自导自演假装无辜，这证明蔡某某的心理承受能力、反侦查能力、社会阅历及知识面与成年人无异。这也是笔者主张要修改刑事责任年龄的主要出发点。

有人认为对未成年人定罪量刑，不仅难以有效遏制未成年人违法犯罪，而且是一种回避问题、转嫁责任的做法，笔者不认可这种观点。有时候，再多的说教都不如一个嘴巴子好使，这是事实，就像是教育孩子一样，不能仅依靠说服教育，棍棒出孝子，严师出高徒，孩子没一点忌惮也不行。

例如，我国将限制民事行为能力人的年龄从10岁改成了8岁，这就是紧跟时代的变化，因为现在10岁孩子可能比50年前的认知水平都高，再将8岁的孩子作为无民事行为能力人已经不能适应目前的社会状况。刑事责任年龄也是一样，适当地降低有利于形成威慑，如降低1～2岁，应当是符合现在社会现实的。

至于监禁造成的相互交叉感染问题，可以通过技术手段解决，如设立未成年人专门的监狱或教养院，配设专门的心理辅导，不但可以有针对性地进行教育和改造，也可以取得良好的社会效果。

68. 被告人对行为性质辩解拒不认罪，能否构成自首？

□ 韩英伟

【案情简介】

2017 年 8 月，张某成立 A 健身房有限公司，与温某等签订商铺租赁合同，经营健身房。2017 年 10 月，赵某 1 加入 A 公司成为股东，两人约定张某占股 51%，赵某 1 占股 49%，赵某 1 父亲赵某 2 任执行董事兼总经理，为公司法定代表人。张某和赵某 1 对健身房重新进行了装饰装修，其中张某出资 61 万元，装修玻璃、柜子、灯、水泥板墙等；赵某 1 出资 12 万元，装修地板等。后张某和赵某父子在经营过程中发生分歧，赵某 1、赵某 2 屡次阻挠张某参与 A 公司经营。张某要求退股及支付退股款，赵某 1 同意退股，但是拒不支付退股款等总计 94 万元费用。张某以股权纠纷向法院提起诉讼，法院不予立案审理。

2018 年 12 月初，赵某 1、赵某 2 在张某不知情的情况下与温某解除 A 健身房有限公司商铺租赁合同，同时成立 B 健身房有限公司，雇佣韩某为 B 公司法定代表人，以 B 健身房有限公司与温某重新签订商铺租赁合同。2018 年 12 月底，张某得知赵某 1、赵某 2 擅自在其出资装修的健身房上成立新公司，要求取回由自己出资的健身器材，赵某 1 与赵某 2 拒不同意，同时拒不支付健身器材价款。2019 年 1 月，张某带领 14 名工人对由自己出资的装修装修物持洋镐、大锤等拆除。经价格认证中心出具《价格认定结论书》，结论书中认定张某拆除装饰装修物价格为 102 472 元。

赵某报警，张某经办案机关电话传唤到案，如实供述案件发生经过。公诉机关指控张某构成故意毁坏财物罪，并认定其具有自首情节。被告人张某在庭审期间坚持认为自己无罪，其拆除的装饰装修物为自己出资，商铺租赁合同解除后，依据法律规定，张某有权拆除装饰装修物。

一审法院认为张某拆除装饰装修物属于故意毁坏A健身房公司财产，构成故意毁坏财物罪，张某虽然经电话传唤到案，如实供述案件发生经过，但是其拒不认罪，不构成自首；二审法院认为张某构成故意毁坏财物罪，但是其行为属于自首，结合犯罪事实、起因予以减轻处罚，对本案改判。

【判决结果】

1. 一审判处张某犯故意毁坏财物罪，有期徒刑三年六个月。
2. 二审改判张某有期徒刑为一年零九个月。

【律师解读】

本案的争议焦点：张某拒不认罪的情况下，是否构成自首？

一审法院审理认为：根据《刑法》第六十七条第一款之规定“犯罪以后自动投案，如实供述自己的罪行的，是自首”，构成自动投案应当以犯罪分子主观认定自己的行为是犯罪为前提。本案张某坚持认为自己的行为不构成犯罪，因此，其行为不构成自首。

二审法院审理认为：首先，公安机关出具的“到案经过”可证明两上诉人通过电话传唤到案，具有投案的主动性和自愿性，视为自动投案；其次，在卷二上诉人在侦查阶段的供述及庭审中陈述均可证明，两上诉人到案后对其二人的真实身份，案件起因，案发时购买作案工具的时间、地点及如何联系工人，两次去案发现场的时间和在案发现场是如何损毁财物的犯罪事实均作了如实供述，符合法律上规定的“如实供述自己的罪行的”认定标准，故自首应予以认定。

司法实践中，犯罪嫌疑人自动投案后又认为自己行为不构成犯罪的案件众多，能否认定为自首理论和实务均存在分歧，如本案一二审法院对于自首的认定截然相反。

根据1998年最高人民法院颁布的《最高人民法院关于处理自首和立功具体应用法律若干问题的解释》第一条第二项之规定“如实供述自己的

罪行，是指犯罪嫌疑人自动投案后，如实交代自己的主要犯罪事实”。因此犯罪嫌疑人如实供述的前提并不以认罪为前提，认罪与否是其对自己行为所应承担责任轻重的一种认识与评价。犯罪嫌疑人在供述中对于行为性质认为不构成犯罪的辩解是对其诉讼权利的行使，这也与不得强迫任何人证实自己有罪的法理相符。对此，最高人民法院于 2004 年明确给出广西壮族自治区高级人民法院的批复最高人民法院公告（法释〔2004〕2 号）“被告人对行为性质的辩解不影响自首的成立”。但是，行为人故意隐瞒犯罪关键事实或者主要情节进而为自己开脱罪责，不成立自首。

综上所述，张某经电话传唤主动到案，如实供述了主要犯罪事实，没有隐瞒客观犯罪行为，其认为自己不构成犯罪仅是其主观上对于自己行为性质认识发生错误，但不能据此认为其行为不属于“自动投案，如实供述自己主要罪行”。张某经电话传唤到案，无抗拒、逃跑行为，具有投案的自愿性和主动性，如实供述自己犯罪经过，其行为构成自首，具有法定减轻量刑情节，应依法改判。

69. 因质疑被多收一元车费，掌掴公交司机为何被判刑?

□ 庞敬涛

【案情简介】

2018 年 12 月 27 日，女乘客陈某乘坐公交车去往目的地，该公交车采用分段收费，当陈某询问目的地站的票价，司机回答“两元”后，陈某质疑其乱收费。但由于公交车收费是有规定的，司机当时正在开车，也没有做过多解释。

到站后，司机提醒陈某下车，陈某并未下车。随后陈某突然走到驾驶座旁，责备司机耽误了自己的时间，同时质疑司机多收了自己一元钱。陈某先与正在驾驶中的司机发生争吵，随后伸手掌掴司机。司机将车停稳后，掏出手机，反问陈某“你竟然打我？”对此，司机情绪也有些激动，称有事可以投诉。司机随后选择了报警。

民警接警后迅速赶到现场将涉嫌危害公共安全的犯罪嫌疑人陈某抓获。所幸公交车司机在整个过程中处置得当地将公交车停稳，未造成交通事故和人员伤亡。

【判决结果】

2019 年 5 月 9 日，某区人民法院以涉嫌危害公共安全罪判处被告人陈某有期徒刑 4 年。

【律师解读】

一、陈某能否被定性为以危险方法危害公共安全罪？

《刑法》第一百一十四条规定，放火、决水、爆炸以及投放毒害性、放射性、传染病病原体等物质或者以其他危险方法危害公共安全，尚未造成严重后果的，处三年以上十年以下有期徒刑。

此法条中“以其他危险方法危害公共安全”表明如果行为人作出与放火、决水、爆炸、投放危险物质同等危险的行为，即符合此罪的犯罪行为构成。且只要行为人的犯罪行为足以危害公共安全就构成犯罪，这类犯罪属危险犯，不要求行为人实际造成严重后果，即构成犯罪既遂。

陈某掌掴司机，极大可能会使公交车失控或发生交通事故，造成道路危险、乘客伤亡的后果发生，虽然在司机的沉稳操作下未实际发生严重后果，但由于此罪属行为犯，陈某的行为只要有造成严重危险后果的可能，即成立犯罪既遂。因此从本案看，陈某与司机发生冲突，干扰司机正常驾驶的行为应符合以其他危险方法危害公共安全犯罪的客观条件。

该罪在主观方面也须具有犯罪故意，直接或间接故意。即行为人明知自己的行为危害公共安全，有可能造成不特定的多数人伤亡或者公私财产的重大损失，并且希望或者放任这种结果的发生。从本案看，陈某是成年人，应明知自己行为可能会使公交车发生转向失控等交通事故问题，依然作出妨碍驾驶司机的正常行驶，有意放任重大事故的发生，不顾可能会出现的严重扰乱公众秩序，造成多数人伤亡的后果。因此将陈某定性为以危险方法危害公共安全罪是准确的。

二、陈某的量刑是否过重？

在对陈某定性为涉嫌危害公共安全罪的前提下，触犯危害公共安全犯罪的行为未造成严重后果的法定刑为三至十年，即最低刑期为三年；造成严重后果的，致人重伤、死亡或者使公私财产遭受重大损失的，处十年以上有期徒刑、无期徒刑或者死刑。该案对陈某判处四年刑期是在法定刑期内，符合本罪的量刑规定。

因为一元钱，陈某怒从心头起，恶向胆边生，因为一巴掌导致四年牢狱之灾，陈某悔恨终身。该案发生后，众多媒体报道，人们在谴责陈某的同时，也增强了个人法律意识，给社会上了一堂生动的普法教育课。尊重他人，包容对方，维护公序良俗，永远是一个公民的权利与义务。

70. 航班延误险骗保是否构成保险诈骗罪？

□张　颖

【案情简介】

2020 年 4 月 27 日，南京市某派出所接到某保险公司报警，在机票延误险赔付时，发现以李某（女）为首的多人，使用不同护照号、身份证号，多次进行理赔，怀疑可能遭遇了保险诈骗。南京警方侦查发现，李某等 20 余人自 2015 年至 2019 年，在各大保险公司频繁申请航空延误险。初步统计，从 2015 年至今，李某共实施诈骗近 900 次，获得理赔金近 300 万元。

据李某供述，她曾有过航空服务类工作经历，熟悉航班延误险赔付中没有人工核验的漏洞。她分析出几条延误率最高的航线，根据起飞前的天气状况，用多人身份信息购买机票和保险，如果航班不延误，她立即退票，如果航班延误就着手理赔。

【处理结果】

李某（女）等多人因涉嫌保险诈骗罪和诈骗罪被警方刑事拘留。

【律师解读】

《刑法》规定的保险诈骗罪有五种情形，其中“投保人故意虚构保险标的，骗取保险金的”“投保人、被保险人或者受益人编造未曾发生的保险事故，骗取保险金的”这两种情形是本案中需要探讨的问题。探讨这两种情形就需要明确两个概念，“保险标的”和“保险事故”。保险标的亦称为“保险对象”“保险项目”“保险保障的对象”，它是依据保险合同双方当事人要求确定的。保险事故是保险合同中载明的危险发生后，所造成的损害或伤害结果。

在明确这两个概念的基础上，再来探讨本案是否构成保险诈骗罪。这种行为本质上是女子和航空公司对赌，航班公司未延误，女子就要承担退票费的损失，航班延误了，女子才有可能获利，这种情况是否构成诈骗罪名是值得商榷的。用他人身份信息购买机票，他人信息和购买机票都是真实的，谈不上欺骗行为。获得延误赔付也是在赔付规则下进行。女子的目的确实是为了获得赔付，但赌赢的原因靠的是个人分析而不是非法行为，不能简单地说其目的就是为了非法占有。这种行为本应从频繁购票退票这个层面来对购票人进行限制，不适合采取刑事强制手段来规制。

具体到本案中，“女子”在与保险公司缔结航空延误险合同的时候，使用的投保人、被保险人、受益人身份信息可能为他人信息，使用了他人证件。这种行为是否可以评价为虚构事实行为？笔者认为从航空公司的角度看，购票信息是真实的，并支付了机票价款，使用了真实的身份证件。这一环节不存在虚构事实的情形。对于保险公司来说，基于航空公司的机票信息缔结延误险，笔者认为虽然“女子”购票、缔结保险合同并不一定征得相关人员的同意，但仍不能认定是一种刑法上“虚构事实隐瞒真相”的行为，最多是违反了保险行业的禁止性规定，导致保险合同无效。因此，笔者认为本案的核心是“获得延误赔付也是在赔付规则下进行”。

71. 未成年人殴打15岁少年致死，应如何定性？

□ 康文平

【案情简介】

某市公安局于2020年11月10日下午发布警情通报11月2日13时许，民警在工作中发现一案件线索：陈某等人将袁某打伤致死。

经侦查，10月29日晚，犯罪嫌疑人陈某、梁某、杨某等6人（2人无业、4人职校学生，均是某镇人）因袁某将陈某手机号码“拉黑”等琐事，在某镇将袁某（男，15岁，某镇人）殴打致昏迷，后用车将袁某拉至某市城区一宾馆房间内。10月30日上午，陈某等人发现袁某已死亡，于当晚将袁某尸体运至某镇一处农田掩埋。

【处理结果】

犯罪嫌疑人陈某、梁某、杨某等6人因涉嫌故意伤害致人死亡罪被刑事拘留。

【律师解读】

一、此案是否应定性为故意杀人？

此案显然是一起团伙杀人事件，如果依据故意杀人罪予以定性，则6人将会受到非常严重的刑罚。虽然同情死者，也希望对凶手进行严惩，但刑法有自己的基本准则，不能仅凭他人意愿随意适用。

之所以这么说，是因为本案中存在一些特殊情节：（1）行凶6人与死者相识，经常在一起玩耍。双方无冤无仇，不存在故意杀人的动机。（2）事件的起因是陈某与袁某因琐事发生了纠纷。（3）陈某带着一伙人决定“教训”一下袁某，没想到将袁某殴打致昏迷。（4）袁某昏迷之后，6人的意见也产生了分歧，有人表示应该送往医院，也有人表示不进行施救。（5）在将袁某送往宾馆后，第二天发现袁某死亡，6人决定抛尸。

通过上述情节可以推断，这6人并没有杀人的故意。根据主客观相统一原则，定性为故意杀人有失公允，笔者认为本案定性为故意伤害罪比较合理。

二、有没有可能定性为不作为的故意杀人罪？

退一步考虑，本案有可能会被定性为不作为的故意杀人。当6人的主观为故意伤害时，事件就应分为两部分来考虑。首先，嫌疑人殴打袁某至其昏迷，这一部分属于故意伤害罪的范畴。其次，因故意伤害行为导致嫌疑人对袁某产生了救助义务。而这6名嫌疑人经协商并没有救助，则构成了不作为的故意杀人。不过，此案中的6名犯罪嫌疑人都均为未成年人，对殴打他人的后果很可能预想不到。更有可能的是，当袁某昏迷之后，嫌疑人根本不认为昏迷的袁某会死亡，此时要求嫌疑人施救则缺乏期待可能性，不能构成不作为的故意杀人。

综上所述，笔者认为本案就是一起故意伤害案件。

另外，本案值得注意的是，本案中的6名嫌疑人扮演的角色并不相同。其中一个名为陈某的人明显是这起团伙作案的主犯。尤其在袁某被打致昏迷之后，陈某作为主犯的作用最为突出。因为有几个嫌疑人建议将袁某送往医院救治，但被陈某拒绝了。并且，在抛尸之后，陈某又登录了袁某的社交媒体账号，发了一张照片并配文“上班”，试图掩人耳目。对于这种主要角色，应着重审理。

72. 造谣的成本有多低，一句"闹着玩"就没事了？

□ 康文平

【案情简介】

近日，网络上疯传一篇文章，该文的题目是"28 岁美女少妇出轨快递小哥"，其中还配有图片与视频。殊不知，这段文章和视频完全是杜撰的，女主角对自己被偷拍完全不知情。

仅几天的时间，吴女士（女主角）的"事迹"就传遍了。在这个谣言的影响下，吴女士与其男友相继被公司辞退。

吴女士也与违法行为人联系过，希望他们道歉并赔偿 12 万元的经济损失。但违法行为人不仅不愿意道歉，还认为吴女士的要求太过分。

【处理结果】

违法行为人被行政拘留 9 日。

【律师解读】

目前看来，吴女士应该还没有采取自诉的方式来寻求救济，几名违法行为人依然逍遥法外。据吴女士表示，这几名造谣者拘留回来后，不仅不愿赔偿经济损失，甚至连一句"对不起"都没有说过。可见行政拘留 9 日根本没有让他们认识到自己的错误，也完全没有改过自新的意思。

他们之所以可以如此地肆无忌惮，笔者认为原因可能出在普法教育上。这几名违法行为人很可能认为，造谣而已，警方也予以处罚了，自己已经付出了应有的代价。

造谣本身就是一件缺德事，法律自然也考虑过造谣所能产生的负面影响，为了遏制此类事件的发生，刑法中设立了诽谤罪这一罪名。

《刑法》第二百四十六条规定，捏造事实诽谤他人，情节严重的，处三年以下有期徒刑、拘役、管制或者剥夺政治权利。本罪立案的前提是必须造成严重后果。按照本案中事件的传播程度、吴女士所遭受的非议，以及对吴女士所造成的损失综合考虑，完全符合后果严重这一要求。所以说，本案的几名违法行为人被判刑的可能性非常高，尤其他们还不知悔改。

另外，根据民法规定，公民、法人享有名誉权，公民的人格尊严受法律保护，禁止用侮辱、诽谤等方式损害公民、法人的名誉，一旦出现名誉遭受侵害，可以责令侵权人停止侵害、恢复名誉、消除影响、赔礼道歉、赔偿损失。这之中的损失不仅包括实际的经济损失，还包括精神损失。据悉，吴女士因为此事已经患上了抑郁症，所造成的损失也应由几名违法行为人一并承担。

最后，说一点笔者的推测。几名违法行为人认为自己造谣的行为只是为了"闹着玩"，这个说法本身就不合理。试想一下，谁会为了"闹着玩"而偷拍他人，同时还编造故事。笔者认为，这些人很可能经常通过此类方式赚取不法利益。所以说，警方可以调查一下这几名违法行为人之前是否就做过类似的勾当，毕竟通过网络兜售不法影片、图片的不在少数。假如他们存在上述不法行为，警方则可以根据相关法律法规追究其刑事责任。

73. 擅自为非本单位员工缴纳社保，是否构成职务侵占罪？

□ 侯蒙莎

【案情简介】

2005 年 8 月 1 日，被告人刘某入职 A 公司担任公司财务主管。2013 年 10 月，A 公司将厂区搬至江苏，遂与刘某等公司员工解除劳务合同关系。

因仍有工业园、医院等需要管理，故A公司重新聘请刘某担任公司财务主管。2013年10月8日，A公司与被告人刘某及蒋某（原A公司员工，已与A公司在2013年10月份解除劳务合同关系）签订《内部承包经营管理协议》，约定工业园由刘某、蒋某承包，两人每年向A公司交纳租金人民币400万元。

2008年12月起，被告人刘某未经A公司许可，利用职务上主管财务的便利，擅自大幅提高本人社保缴费基数，导致溢交相关费用共计人民币52 498.515元；同时，自2011年5月24日A公司开设住房公积金账户起，A公司为刘某共缴纳住房公积金67 860元，缴交基数为3 000元，而被告人刘某的工资表显示，其工资并未扣取住房公积金，即住房公积金中本应由刘某本人缴纳的部分其并未实际缴纳，而是由A公司承担；2013年10月至2018年1月，被告人刘某再次未经A公司许可，利用职务上的便利，使用A公司的资金为蒋某、张某（原A公司员工，于2013年10月份解除劳务合同关系，后为刘某及蒋某共同雇佣的员工）缴纳社保共计人民币121 876.88元；上述费用总计人民币242 235.395元。案发后，经A公司催要，被告人刘某及证人蒋某、张某三人陆续向A公司退还人民币185 606.32元。

2018年12月6日，公安民警电话通知被告人刘某到案。次日11时许，被告人刘某到派出所投案。2019年9月10日，检察院向法院提起公诉，指控被告人刘某构成职务侵占罪。

【判决结果】

经过审理，法院判决被告人刘某犯职务侵占罪，判处有期徒刑一年一个月；责令被告人刘某赔偿A公司损失人民币22 699.075元。

【律师解读】

本案中，被告人刘某作为A公司财务主管，利用职务便利擅自调高其本人的社保基数导致A公司累计为其多缴52 498.515元，为非本单位员工蒋某、刘某缴纳社保共计人民币 121 876.88 元，并将住房公积金中本应由其本人缴纳的共计 33 930 元转嫁给 A 公司承担，其行为是否构成职务侵占罪应分别分析，具体如下。

《刑法》第二百七十一条规定："公司、企业或者其他单位的人员，利用职务上的便利，将本单位财物非法占为己有，数额较大的，处五年以下有期徒刑或者拘役；数额巨大的，处五年以上有期徒刑，可以并处没收财产。"构成职务侵占罪的必须满足以下条件：（1）犯罪主体是特殊主体，即企业或其他单位中的非国家工作人员；（2）行为人具有非法侵占本单位财产的主观故意并实施了该行为；（3）实施侵占行为时利用了职务上的便利；（4）侵占的财物数额达到立案标准。具体而言，根据《最高人民法院、最高人民检察院关于办理贪污贿赂刑事案件适用法律若干问题的解释》第十一条规定，《刑法》第一百六十三条规定的非国家工作人员受贿罪、第二百七十一条规定的职务侵占罪中的"数额较大""数额巨大"的数额起点，按照本解释关于受贿罪、贪污罪相对应的数额标准规定（贪污或者受贿数额在三万元以上不满二十万元的，应当认定为《刑法》第三百八十三条第一款规定的"数额较大"；贪污或者受贿数额在二十万元以上不满三百万元的，应当认定为《刑法》第三百八十三条第一款规定的"数额巨大"）的二倍、五倍执行，即六万元以上属于数额较大、一百万元以上属于数额巨大。

就本案而言，对于被告人刘某作为 A 公司财务主管，利用职务便利擅自调高其本人的社保基数导致 A 公司累计为其多缴 52 498.515 元、并将住房公积金中本应由其本人缴纳的共计 33 930 元转嫁给 A 公司承担的行为，虽然并非直接将 A 公司之 86 428.515 元财产转为刘某持有，但分别以为刘某多缴社保、令刘某少缴住房公积金个人应缴部分的形式变相为刘某本人所非法占有，构成职务侵占罪并无争议。

但对于刘某未经 A 公司同意，擅自利用 A 公司资金，为非本单位员工蒋某、刘某缴纳社保共计人民币 121 876.88 元的行为如何认定，则涉及职务侵占罪中的"非法占为己有"是否仅限于行为人本人占有的问题。职务侵占罪属于侵犯财产类犯罪，其保护的法益为公司、企业或者其他单位的财产权，因此，将本单位财物转为第三人占有也同样侵犯了本罪所保护的法益。同时，相较于将“占为己有”仅理解为“将本单位财物以非法手段转为本人占有的状态”而言，用“以非法手段将本单位财物视为己物而加以处分、利用，使其永久脱离本单位控制”来加以理解无疑更有利于法益之保护，避免出现因将“非法占为已有”限于行为人本人占有，而可能导致放纵犯罪或出现处罚不公现象。因此，本案中，法院最终认定的被告人刘某职务侵占数额为包含其擅自利用A公司资金为蒋某、刘某缴纳的121 876.88元社保在内的208 305.395元，并无不当。

74. 面对暴力强拆致两人重伤，为何不批捕？

□ 康文平

【案情简介】

2017年8月，石家庄某房地产公司与康某某达成口头协议，由其负责该公司开发的辛集市某城中村改造项目中，尚未签订协议的耿某华等八户人家的拆迁工作，约定拆迁劳务费为50万元。当年10月1日凌晨两点左右，康某某等8人赶到项目所在地，携带橡胶棒、镐把、头盔、防刺服、盾牌等工具，翻墙进入耿某华家中。

耿某华的妻子听到声音以后来到院中，然后被强拆人员按住架离开了院子，耿某华听到声音以后也来到院中，被强拆人员围殴。耿某华用随身携带的分苗刀乱捅乱挥，将参与强拆的王某某、谷某明及俱某某捅伤。耿某华也被其他参与强拆的人员按倒在地，带离了院子。接着康某某组织其他人员用挖掘机对耿某华的房屋进行了强拆。

【处理结果】

检察机关认为，耿某华虽然造成了两个人的重伤，但是其在双方力量对比悬殊的情况下，对参与强拆人员实施了防卫行为，没有超过必要的限度，属于正当防卫。

【律师解读】

此案是最高检发布的6起正当防卫不捕不诉案典型案例的其中一个，对非法入侵住宅暴力强拆有着指导性的意义。

在本案中，8个大汉手中拿着橡胶棒、镐把、头盔、防刺服、盾牌，深更半夜进入耿某华家中，很明显是对强制拆除势在必行了。并且耿某华制止他们拆除的时候，还动用了暴力手段。此时耿某华不仅是财产受到了严重的威胁，连自己的生命安全都保证不了，这完全符合不法侵害正在进行，且非常紧迫的条件。

如此来看，耿某华的行为很明显属于正当防卫。然而《刑法》第二十条第二款与第三款还分别指出了两种特别的正当防卫：防卫过当与特殊防卫。对于造成两人重伤这一结果，不得不考虑是否存在防卫过当的可能，或者说属于特殊防卫的范畴。

一、防卫过当

《刑法》第二十条第二款规定：防卫过当是指，正当防卫明显超过必要限度造成重大损害的，应当负刑事责任，但是应当减轻或者免除处罚。

在上述条款中，有一个司法实践中的难题，就是“防卫限度”。一般我们认为，防卫限度是指防卫人的行为正好足以制止正在进行的不法侵害。但在案件发生时，周遭的情况很可能瞬息万变，我们很难去想象防卫人当时所处的环境，自然也无法准确地推测出他的行为是否已经超出了“足以制止不法侵害”这一限度。

就拿本案来说，8人手持武器进到耿某华家中，虽说用暴力限制了其人身自由，但并未对耿某华造成严重的人身伤害。如果站在理性的角度考虑，耿某华应该优先选择报警，而不是持刀伤人。

但这种说法明显缺少人性。试想一下，8个手持武器的大汉，半夜翻墙进入你的家中，妄图强行拆除你的房屋，你难道还会跑出去报警？奋起反击才是正常人的选择。

虽然说是反击，但双方力量相差悬殊，根本衡量不了打伤几个人才能制止不法侵害。不过笔者认为，打伤了8个强拆人员中的3人，完全还不足以制止不法侵害，自然也不会构成防卫过当。

二、特殊防卫

《刑法》第二十条第三款规定：特殊防卫是指，对正在进行行凶、杀人、抢劫、强奸、绑架以及其他严重危及人身安全的暴力犯罪，采取防卫行为，造成不法侵害人伤亡的，不属于防卫过当，不负刑事责任。

特殊防卫所针对的犯罪行为十分有限，只有在发生"行凶、杀人、抢劫、强奸、绑架，或与上述行为具有同等危险的暴力犯罪时"，才可以适用特殊防卫。

这几种暴力犯罪都有一个共性，就是会威胁他人的生命安全。而本案中强拆人员的目的为耿先生的财产，并非其生命安全，所以特殊防卫根本不成立。

综合来看，耿先生的行为应该被评价为普通的正当防卫，并且没有超过必要的限度。

75. 从吴某猥亵儿童案看王振华案件，如何定罪量刑？

□ 高晓禾

【案情简介】

被告人吴某于2017年9月冒用其友曾某的身份应聘为某温泉酒店会员顾问。2018年7月22日12时许，被告人吴某在该酒店大堂电梯间，趁被害人齐某（女，6岁）家长不在之机撩开被害人裙子抚摸其臀部，后又将被害人带至大堂西侧走道内，再次撩开被害人裙子并将手伸入被害人内裤摸其阴部。

吴某的辩护律师认为其不构成犯罪，其理由如下：第一，吴某没有实施过猥亵儿童的行为。根据吴某的供述、监控录像及两名同事的证言，吴某帮助齐某擦拭手和嘴，完全是出于本职工作，监控录像并未显示吴某有任何猥亵的行为。第二，齐某关于案件事实的陈述，完全超出其认知能力。齐某是6岁的小孩，对自己的身体部分还不具有认知能力，不能说出“阴部”“下体”等专业性词汇；对案发环境的判断和对被告人的描述也与6岁儿童的认知能力严重不符，故对齐某的陈述应当结合全案证据、客观事实及该年龄阶段的大脑发育情况、行为特征综合分析，不应在尚未确认齐某认知能力的前提下完全采纳，作为认定吴某实施了猥亵行为的证据。第四，齐某母亲的证言系传来证据、间接证据，不应单独被采纳或者扩大证明力。第五，目前的证据无法认定吴某存在猥亵行为。监控录像显示吴某和齐某消失的时间均为40秒和39秒，根据齐某描述的动作和情节，吴某不可能在这么短的时间内完成上述行为；现场勘查结束后，从吴某和齐某处提取检材送往鉴定中心，但并未看到鉴定报告；根据平面示意图，犯罪地点位于酒店人事办公室门口附近，该处有比较高被发现的可能性，吴某若实施猥亵行为必然选择更加隐蔽的空间，这种做法也不符合常理；现场勘查结果是“对外围现场勘查后，无异常表现”。

【判决结果】

被告人吴某犯猥亵儿童罪，判处有期徒刑两年六个月。

【律师解读】

基于猥亵类案件的私密性，本案直接证据只可能有被告人供述和被害人陈述，在被告人供述与被害人陈述不一致的情况下，必须综合全案证据分析判断被告人供述与被害人陈述的可采性。第一，从监控录像来看，吴某与齐某至少有两次近距离接触，一次是吴某将齐某带至电梯附近擦手和嘴，一次是带齐某经过美发室附近，然而吴某始终供认其只接触过齐某一次，显然吴某的供述与监控录像记录的过程并不一致；监控录像亦显示吴某主动向齐某招手、半拉半拽将齐某带至电梯厅附近、擦完手后弯腰从身后用手撩起齐某的裙子，而齐某手中的冰激凌也没有折断弄脏裙子的情况，监控录像记载的上述情形明显与吴某供认的齐某主动走过来找其帮忙、弯腰帮齐某捋裙子等内容不符；相反，齐某陈述的事情经过与监控录像记载的过程基本一致，能够得到监控录像的印证，因此，相比较而言，齐某的陈述更为可信，吴某的辩解不具有说服力。第二，案发时齐某已满6周岁，经过正规的学前教育，对于身体部位、事件经过、地点位置有基本的认知能力，身体部位是否被抚摸并未超出6岁儿童的正常认知范围，而齐某陈述的吴某的行为方式、带其走过的路线以及撩裙子等内容与监控录像的记载相吻合，因此，齐某的陈述具有证明力，可予采信。第三，齐某在上车后不久，将被男子抚摸的情况告诉妈妈，妈妈听后立即报警；而吴某与齐某一家素不相识，并无恩怨，杨某2没有必要以牺牲女儿名誉的方式去诬陷一个陌生人。综上，控方现有证据足以证实吴某对齐某实施了猥亵行为，而不能因监控录像未能拍摄到猥亵过程，囿于痕迹鉴定的高要求鉴定部门未能出具有力的鉴定报告，即认定吴某未实施猥亵行为。因此辩护律师的观点不能成立，吴某构成猥亵儿童罪，从重处罚。

2019年新城控股董事长王振华猥亵儿童罪一案轰动一时，其与本案有着相似性。关于陈有西律师发布的声明中提到两点事实：第一，“他进出房间前后时间只有13分钟，有酒店录像证据。有效可能作案时间5分钟。他从无恋童癖和性虐待取向，公安外围侦查排除他任何侵害幼女嫌疑”。第二，“北京的两家司法鉴定机构，七位国内权威的法医专家、妇科专家、DNA专家，对上海的门诊记录和司法鉴定意见进行了书证审查与专家论证，得出了相反的结论，不支持上海鉴定当中所说的被害人新鲜伤痕、阴道撕裂伤、二级轻伤的结论。且上海的鉴定机构，违反了全国人大代表大会的规定，没有对外鉴定资格”。以上内容，我认为很难成立无罪辩护的基础事实依据。

猥亵儿童类案件在客观方面表现出来的行为方式如抠摸、舌舔、吸吮、亲吻、搂抱、手淫等行为，这些犯罪行为的实施较短时间内很容易完成，而且，作案时间的长短不能否定作案行为的实施，即犯罪既遂。同时，王振华无恋童癖和性虐待取向属于品格类证据，在司法实践中，认定犯罪构成上是绝对排除的，其主要涉及的是量刑问题，即初犯、偶犯等。猥亵儿童罪保护的法益是儿童的隐私权和精神纯正权，本案的鉴定意见并不是罪与非罪的核心证据，其在本案中应是量刑适用的主要证据，无法排除其不构成犯罪。猥亵类案件一般隐蔽性较强，尤其是在被告人供述和被害人陈述相背而驰的情况下，应当具体综合全案的客观证据来认定，这样才能做到不枉不纵。

76. 酒驾肇事逃逸后受害人死亡，为何判刑6年？

□ 杨诚远

【案情简介】

2018年12月31日晚23时，在四川省某县大街发生一起3人受伤，驾驶人驾车逃逸的交通事故。其中伤者黄某于2019年1月23日抢救无效死亡。警方于2019年1月1日查获肇事车辆并确定马某为嫌疑人，经过警方的多次劝投，2019年1月2日马某在家属陪同下投案自首。公安机关按照法定程序对马某进行审讯并将血液和毛发抽样送检，通过走访与其他视频证据佐证，马某肇事前存在饮酒行为。

【判决结果】

2020年9月19日，判决被告人马某犯交通肇事罪被判处有期徒刑六年；赔偿附带民事诉讼原告人谭某林等三人各项损失共计人民币920 048.88元；赔偿附带民事诉讼原告人杨某各项损失共计人民币247 907.15

元；赔偿附带民事诉讼原告人陈某各项损失共计人民币185 619.41元；驳回附带民事诉讼原告人谭某林等五人的其他诉讼请求。

【律师解读】

因受害者黄某的家属谭某韵系知名演员，加上本案被告态度恶劣，故本案受到了社会的广泛关注。本案的第一个关键点在于马某明明是在警察与家属的劝说下才去投案的，为何仍旧可以认定为自首呢？首先，根据《最高人民法院关于处理自首和立功具体应用法律若干问题的解释》（以下简称《解释》）第一条第三款规定："并非出于犯罪嫌疑人主动，而是经亲友规劝、陪同投案的；公安机关通知犯罪嫌疑人的亲友，或者亲友主动报案后，将犯罪嫌疑人送去投案的，也应当视为自动投案。"马某虽然是在他人劝说下才投案，但是这一行为应当视为自动投案，并且投案后马某如实供述了自己酒驾肇事逃逸的事实，因此对马某可以认定自首情节。

另一个核心问题就是，民众对法院最终认定马某构成的是交通肇事罪逃逸而不是交通肇事逃逸致人死亡而感到疑惑。《刑法》第一百三十三条规定："违反交通运输管理法规，因而发生重大事故，致人重伤、死亡或者使公私财产遭受重大损失的，处三年以下有期徒刑或者拘役；交通运输肇事后逃逸或者有其他特别恶劣情节的，处三年以上七年以下有期徒刑；因逃逸致人死亡的，处七年以上有期徒刑"的相关规定，交通肇事后逃逸的刑期是三至七年，而因逃逸致人死亡的可处七年以上有期徒刑。马某因酒驾撞倒黄某后逃逸，黄某最终也因抢救无效不幸身亡，那么为什么法院最终并未认定马某构成逃逸致人死亡呢？同样依据《解释》第五条："因逃逸致人死亡，是指行为人在交通肇事后为逃避法律追究而逃跑，致使被害人因得不到救助而死亡的情形。"可见交通肇事逃逸致人死亡的认定核心点，肇事者逃逸行为与被害人死亡是否存在刑法上的因果关系。本案中，马某虽然在肇事后逃逸，但是根据证据表明案发当时目击群众在第一时间拨打了120和110，并且医生也在第一时间赶到现场对黄某进行救治，因此马某的逃逸行为与被害人黄某的死亡后果之间不具备因果关系，是无法认定为逃逸致人死亡的，也就是说马某的最高刑期也仅只有七年。

77. 虎毒不食子，蔡某将其子殴打致死如何定性？

□ 康文平

【案情简介】

被告人蔡某1与其子蔡某2（本案被害人，死亡时14岁）一起生活。因蔡某2患有先天性病毒性心脏病，蔡某1酒后经常对其进行殴打，并用烟头烫、火钩子烙身体、钳子夹手指、冬季泼凉水等方法对其进行虐待。2004年3月8日夜，蔡某1发现蔡某2从家中往外走，遂拳击其面部，用木棒殴打其身体。次日晨，蔡某2称腹痛不能行走，被其姑母蔡某琴发现后送医院治疗无效，于2004年3月17日21时许死亡。经鉴定，蔡某2生前被他人以钝性致伤物（如拳脚等）伤及腹部，致十二指肠破裂，弥漫性胸、腹膜炎，感染性中毒休克死亡；蔡某2生前十二指肠破裂的伤情程度属重伤。

【判决结果】

1. 一审法院判决蔡某1犯虐待罪，从重处罚，判处有期徒刑七年。
2. 二审法院判决蔡某1构成故意伤害罪，判处有期徒刑十二年。

【律师解读】

虐待罪与故意伤害罪确实比较容易混淆，就连一些司法工作人员也无法作出正确的判断。就拿此案中的一审法院来说，审判人员竟错误地认为虐待罪与故意伤害罪属于法条竞合，而这两种罪名却有本质的区别。

一、在犯罪构成方面，虐待罪与故意伤害罪存在交叉包容关系

1. 犯罪主体：故意伤害罪的犯罪主体为一般主体；虐待罪的犯罪主体为特殊主体。一般主体包含特殊主体。

2. 主观故意：虐待罪的主观故意是使被虐待者肉体上、精神上受摧残、折磨，行为人并不想直接造成被害人伤害、死亡的结果，被害人所以致伤、致死是由于长期虐待的结果；故意伤害罪的行为人则积极追求或放任伤害后果的发生。

3. 侵犯客体：虐待罪侵犯的客体为家庭成员，而故意伤害罪侵犯的客体为他人身体健康权。后者包含前者。

4. 行为构成：虐待罪是一种长期、持续性的行为。而故意伤害罪一般多为一次性的行为。

不难看出，故意伤害罪所涉及的情况更为广泛。在主观故意方面的区分尤为明显，虐待罪必然是长期的、持续的，而故意伤害罪往往是一次性的。

二、加重刑上予以区分

司法实践中，大多数虐待案件被发现都因为出现了加重刑的结果，即致人重伤或死亡。这种重伤或死亡往往是由于长期的打骂、摧残的行为导致的结果，并非一朝一夕造成，而是日积月累的结果，是被告人长期虐待行为的结果。

故意伤害罪的加重刑也为致人重伤或死亡，这种结果往往就是一次性造成的。此案中，蔡某1虽多次对其子进行殴打、侮辱等虐待行为，但都不是导致其子死亡的原因。而最后一次使用钝器对其子进行的攻击，则是致其死亡的主要原因。这也就是笔者所阐述的“一次性”行为造成的，即故意伤害致人死亡。

综上所述，虐待罪与故意伤害罪虽然有些许的类似，但本质上却有极大的不同，不能仅依据“发生在家庭成员之间”就予以定性，更多应从犯罪构成来进行分析。

两者的判罚差距非常大，莫要让歹人脱了刑。

第三部分 公司法

78. 是否担任法定代表人，可以诉讼解决吗？

□ 曲衍桥

【案情简介】

王某系某公司法定代表人，于2011年5月30日从某公司离职，并不再作为某公司法定代表人。但某公司及股东曹某继续将王某登记为法定代表人，致使王某因某公司债务的执行问题被列入失信被执行人名单，侵害了王某的合法权益。

因此王某于2018年6月27日诉至新疆某中院，请求判令某公司、曹某履行公司股东决定并办理变更公司法定代表人工商登记，并判令某公司任何法律行为与其无关。一审法院认为变更公司法定代表人应当先由公司股东会作出决议，再向工商行政管理部门办理变更登记，法院不能强制公司作出决议变更法定代表人。故王某请求变更公司法定代表人及确认公司行为与其无关的诉讼请求不属于法院民事案件的受案范围，王某的起诉不符合法定受理条件。一审裁定：对王某的起诉不予受理。

王某不服一审裁定，向新疆高院提起上诉，二审法院认为王某要求法院确认某公司任何法律行为与其无关的诉讼请求，不具备诉的利益，没有法律依据。股东会决议的履行问题系公司内部经营管理问题，属于公司自治范畴，不属于人民法院的主管范围，人民法院不能强制履行股东会决议。二审裁定：驳回上诉，维持原裁定。

王某遂于2020年向最高法院申请了再审。

【判决结果】

1. 撤销原一审、二审裁定。

2. 对于王某关于判令某公司、曹某办理变更公司法定代表人工商登记的诉讼请求，指令新疆中级人民法院立案受理。

3. 对于王某关于判令某公司任何法律行为与其无关的诉讼请求，不予受理。

【律师解读】

实践中，有很多挂名法定代表人因企业负债被列入失信人名单，但这些人有的既不是公司股东也不是企业的实际控制人，甚至有的都没有参与过企业任何事务，直到被列入失信名单，影响到正常生活了才想起是在某企业做过法定代表人，所以出现这种情况，第一时间就想怎么才能不当这个法定代表人。那么本案这个最高院的判例是不是真的就能成为这些挂名法定代表人的救济途径呢？笔者认为具体案件还应当具体分析。

本案只是个例，再审法院启动再审主要考虑王某已离职，离职后王某与某公司之间的纠纷应属平等主体之间的民事争议。且若法院不受理王某的起诉，则王某因此所承受的法律风险将持续存在，而无任何救济途径，所以认为应予受理。另再审法院认为王某诉讼请求中的“某公司任何法律行为”指向不明，不符合起诉必须具备的“有具体的诉讼请求和事实、理由”的条件，故对该项诉讼请求不予支持。

通常情况下，变更法定代表人属公司内部治理行为，不会认为是平等主体之间的民事行为，很难通过诉讼方式解决。它需要公司的股东会或董事会通过表决确定是否变更。如果将变更公司法定代表人的决定权列为民事诉讼受案范围，有悖于公司法意思自治的原则，不利于公司内部组织机构管理和经营职能的运行，因此实践中法院都不受理此类纠纷。但本案，最高院的这个判例，可以帮助那些根本没有参与公司治理和经营，又不是公司股东，仅是挂名法定代表人，公司股东不配合开股东会变更法定代表人，想通过诉讼变更法定代表人的人，如果有证据证明与公司是平等的民事主体关系，可以参考这个案例进行诉讼。

79. 公司与股东通过约定的方式回购股东股权，是否有效？

□ 张其元

【案情简介】

某餐饮有限责任公司（以下简称：“某公司”）成立于1990年4月5日。2004年5月，某公司由国有企业改制为有限责任公司，宋某系该公司员工，出资2万元成为自然人股东。某公司章程第三章“注册资本和股份”第十四条规定“公司股权不向公司以外的任何团体和个人出售、转让。公司改制一年后，经董事会批准后可在公司内部赠予、转让和继承。持股人死亡或退休经董事会批准后方可继承、转让或由企业收购，持股人若辞职、调离或被辞退、解除劳动合同的，人走股留，所持股份由企业收购……”，第十三章“股东认为需要规定的其他事项”下第六十六条规定“本章程由全体股东共同认可，自公司设立之日起生效”。

该公司章程经公司全体股东签名通过。2006年6月3日，宋某向公司提出解除劳动合同，并申请退出其所持有的公司的2万元股份。2006年8月28日，经某公司法定代表人赵某同意，宋某领到退出股金款2万元整。2007年1月8日，某公司召开2006年度股东大会，大会应到股东107人，实到股东104人，代表股权占公司股份总数的93%，会议审议通过了宋某、王某、杭某三位股东退股的申请并决议“其股金暂由公司收购保管，不得参与红利分配”。后宋某以某公司的回购行为违反法律规定，未履行法定程序且公司法规定股东不得抽逃出资等，请求依法确认其具有某公司的股东资格。

【判决结果】

1. 一审法院判令驳回原告宋某要求确认其具有被告某公司股东资格之

诉讼请求。

2. 一审宣判后，宋某提出上诉。二审法院裁定驳回上诉，维持原判。

3. 终审宣判后，宋某仍不服，申请再审。再审法院裁定驳回宋某的再审申请。

【律师解读】

本案的焦点如下：

1. 某公司的公司章程中关于“人走股留”的规定，是否违反了《公司法》的禁止性规定，该章程是否有效？

2. 某公司回购宋某股权是否违反《公司法》的相关规定，某公司是否构成抽逃出资？

一、公司章程中关于“人走股留”的规定，是否违反《公司法》的禁止性规定？

某公司的公司章程第十四条规定：“公司股权不向公司以外的任何团体和个人出售、转让。公司改制一年后，经董事会批准后可以公司内部赠予、转让和继承。持股人死亡或退休经董事会批准后方可继承、转让或由企业收购，持股人若辞职、调离或被辞退、解除劳动合同的，人走股留，所持股份由企业收购。”

《公司法》第二十五条第二款规定：“股东应当在公司章程上签名、盖章。”故公司章程系公司设立时全体股东一致同意签署并对公司及全体股东产生约束力，宋某在公司章程上签名，应视为其对前述规定的认可与同意，该章程对某公司及宋某均产生约束力。

本案中，某公司进行企业改制时，宋某基于与某公司的劳动合同关系，成为某公司的股东。某公司章程将是否与公司具有劳动合同关系作为取得股东身份的依据作出“人走股留”的规定，亦系公司自治原则的体现，并未违反《公司法》的禁止性规定。

二、在《公司法》第七十四条规定的三种法定情形外，公司与股东之间达成的股权收购协议是否有效？

首先，《公司法》并不禁止有限责任公司股东以合法的方式收回股本、退出公司。《公司法》第七十四条规定：“有下列情形之一的，对股东会该项决议投反对票的股东可以请求公司按照合理的价格收购其股权：（一）公司连续五年不向股东分配利润，而公司该五年连续盈利，并且符合本法规定的分配利润条件的；（二）公司合并、分立、转让主要财产的；（三）公司章程规定的营业期限届满或者章程规定的其他解散事由出现，股东会会议通过决议修改章程使公司存续的。”上述条款对异议股东回购请求权的法定行使条件作出明确规定，即只有在上述三种情形下，异议股东有权要求公司回购其股权，对应的是公司是否应当履行回购异议股东股权的法定义务。该条款规定股东于特定情形下请求公司收购股权时，并未为公司和股东在规定情形外设定不作为义务，即公司没有禁止公司与股东之间在其他情况下达成收购股权的合同行为。

其次，参照《最高人民法院关于适用〈中华人民共和国公司法〉若干问题的规定（二）》第5条第2款规定：“经人民法院调解公司收购原告股份的，公司应当自调解书生效之日起六个月内将股份转让或者注销。股份转让或者注销之前，原告不得以公司收购其股份为由对抗公司债权人。”根据上述条款规定，受让股权的公司有义务在合理期限内将收购的股权及时转让或者办理减资手续，股份转让或注销之前，股权出让人不得以公司收购其股份为由对抗公司债权人。因此，公司作出收购股东股权的决议，不会损害公司债权人的利益，并不违反《公司法》的禁止性的规定。

再次，有限责任公司具有较强的人合性。对股东通过协商退出公司的行为，应尊重股东的意思自治。因此，在公司经营过程中，股东一方提出退股，其他股东表示同意的，应允许该股东退出公司。

因此，公司内部股权变动系平等民事主体之间的民事行为，应受到《公司法》、《合同法》的调整。公司与股东之间达成的股权收购协议系双方真实意思表示，且未违反公司章程及法律法规强制性规定下，应认定有效。

三、某公司的回购行为是否属于抽逃出资？

实践中，有的股东采取各种方式从公司取回财产，抽逃出资。其违法性在于故意使公司资本非正常减少，严重侵害公司资本，从而降低公司的偿债能力，危及公司债权人利益。《公司法》明文禁止股东抽逃出资。

《最高人民法院关于适用〈中华人民共和国公司法〉若干问题的规定(三)》第十二条规定：“公司成立后，公司、股东或者公司债权人以相关股东的行为符合下列情形之一且损害公司权益为由，请求认定该股东抽逃出资的，人民法院应予支持：（一）将出资款项转入公司账户验资后又转出；（二）通过虚构债权债务关系将其出资转出；（三）制作虚假财务会计报表虚增利润进行分配；（四）利用关联交易将出资转出；（五）其他未经法定程序将出资抽回的行为。”

从上述条款可以得出，公司法所规定的抽逃出资专指公司股东抽逃其对于公司出资的行为，公司不能构成抽逃出资的主体。因此，本案中，某公司的回购行为并非抽逃出资的违法行为，应认定为公司回购股东股权的行为。

因此，《公司法》第七十四条不能适用于本案，某公司基于公司章程的约定及与宋某的合意而支付合理对价回购宋某股权，应认定股权收购协议有效。

80. “未到期未出资的股东”是否提前承担出资加速到期的责任？

□ 张　鹏

【案情简介】

A 公司于 2014 年 8 月 20 日成立，注册资本 1000 万元，公司资本采取认缴制，股东为刘 1 某及刘 2 某，刘 2 某为公司法定代表人。公司认缴出资时间为 2034 年 8 月 19 日。

2014 年 9 月 19 日，A 公司与曾某签订《形象代言人合同》。协议约定形象代言费（税后）人民币64万元。协议签订后，曾某依约履行合同义务。A公司在支付20万元后，因资金不足未再履行付款义务。后因索偿未果，曾某将A公司及其股东刘2某、刘1某诉至法院，要求A公司支付代言费，同时要求股东刘2某、刘1某对该债务在各自未出资范围内承担补充赔偿责任。

【判决结果】

1. 一审法院判决A公司支付曾某代言酬金44万元及违约金44万元；刘2某、刘1某对判决第1项确定的债务在其未出资本息范围内对债务不能清偿的部分承担补充赔偿责任。

2. 二审法院判决维持一审判决第1项、撤销第2项。

【律师解读】

公司不能清偿债务时，债权人能否要求出资期限未到期的股东对公司债务在未出资范围内承担补充赔偿责任，即股东出资能否加速到期？这也是本案的争议焦点之一，可以看出一二审法院针对该问题所持的态度截然相反。

本案中，一审法院依据《公司法司法解释（三）》第十三条第二款规定："公司债权人请求未履行或者未全面履行出资义务的股东在未出资本息范围内对公司债务不能清偿的部分承担补充赔偿责任的，人民法院应予支持。"认为该案中股东出资应加速到期。由于本款并未明确"未履行或者未全面履行出资义务的股东"针对的是"到期未出资的股东"还是"未到期未出资的股东"，因此如仅从文义解释看来，似乎可以得出"未到期未出资的股东"也应承担出资加速到期责任的结论。而本条第一款规定"股东未履行或者未全面履行出资义务，公司或者其他股东请求其向公司依法全面履行出资义务的，人民法院应予支持"。根据该款规定，不难看出公司或其他股东只有在股东出资到期仍未履行或未全面履行出资义务时，才可要求该股东承担出资义务。因此，根据体系解释的规则，同一法条中的同一概念应采用相同的解释，本条第二款中的"未履行或者未全面履行出资义务的股东"也仅指"到期未出资的股东"。本案一审法院根据条款判决股东在实缴出资期限届满前以未出资金额对A公司债务承担补充赔偿责任，属于适用法律错误，二审法院撤销一审判决无误。

该案例发生在2016年，彼时"未到期未出资的股东"应否承担出资加速到期的责任，是公司纠纷诉讼的一个难点。2019年11月8日，随着《九民纪要》的发布，该纪要第6条对股东应否承担出资加速到期的责任做了明确规定："在注册资本认缴制下，股东依法享有期限利益。债权人以公司不能清偿到期债务为由，请求未届出资期限的股东在未出资范围内对公司不能清偿的债务承担补充赔偿责任的，人民法院不予支持。但是，下列情形除外：（1）公司作为被执行人的案件，人民法院穷尽执行措施无财产可供执行，已具备破产原因，但不申请破产的；（2）在公司债务产生后，公司股东（大）会决议或以其他方式延长股东出资期限的。"因此除例外情形外，"未到期未出资的股东"无须提前承担出资加速到期的责任。

81. 侵犯股东增资优先认缴权的股东会决议是否有效？

□ 张其元

【案情简介】

2002年7月25日，北京某水泥有限公司（以下简称某水泥公司）成立。经过两次增资，2013年5月6日，某水泥公司注册资本6500万元。

某水泥公司有徐某、章某、兰某建材有限公司（以下简称"兰某公司"）等8名股东，其中徐某出资979.5万元，持股比例为15.06%。

2013年5月6日，某水泥公司在未通知徐某也未征询徐某意见的情况下，作出了《第三届第六次临时股东大会决议》（以下简称"涉案决议”)，增加公司注册资本金3500万元，由股东章某出资2795万元，由兰某公司出资705万元。增资后徐某持股比例被稀释为9.80%。

徐某认为某水泥公司作出的涉案决议，非法剥夺了徐某享有的增资优先认缴权，诉至法院请求确认涉案决议无效。

【判决结果】

驳回徐某的诉讼请求。

【律师解读】

某水泥公司在未通知且未征得徐某同意的情况下作出的涉案决议，侵害了徐某的增资优先认缴权，存在明显的程序瑕疵，但该瑕疵是否导致涉案决议无效，则要分析涉案决议是否违反法律的效力性强制性规定。

一、从形式上看，增资优先认缴权应属任意性规定

《公司法》第二十二条规定，“公司股东会或者股东大会、董事会的决议内容违反法律、行政法规的无效”。而此处的法律、行政法规应属效力性强制性规定。

对于典型的任意性规定，立法者会以一些标示性语言来表明其性质，如“可以”“由公司章程规定”“依照公司章程的规定”“全体股东约定的除外”等，对于此类规定，当事人可以作出不同于法律规定的事务性安排。

根据《公司法》第三十四条规定，“……公司新增资本时，股东有权优先按照实缴的出资比例认缴出资。但是，全体股东约定不按照出资比例分取红利或者不按照出资比例优先认缴出资的除外”。可以看出，法律在股东优先认缴权这方面给予了公司一定的自治空间，因此《公司法》第三十四条应属任意性规定，而非效力性强制性规定。

二、从实质上看，涉案决议并未损害国家利益或社会公共利益，所以并不属于效力性强制性规定

徐某与公司之间关于涉案决议的争议，属于公司内部的纠纷，属私人主体间民事利益的调整关系，究其根本受到影响的只是徐某的个人利益，并未涉及国家利益或社会公共利益，因此涉案决议不属于效力性强制性规定。

综上，无论从形式上看还是从实质上看，某水泥公司在作出涉案决议时虽未通知徐某，也未征得徐某的同意，便剥夺了徐某的优先认缴权，但并未违反法律的效力性强制性规定，因此涉案决议并非无效决议。

虽涉案决议并非无效决议，但此次股东会在召集程序等方面存在明显的程序瑕疵，符合可撤销决议的情形，但遗憾的是涉案决议已过撤销期间。不过徐某作为股东的民事权益受到侵害，可以另行起诉主张民事赔偿。

82. 未依法履行股东代表诉讼的前置程序，能否起诉？

□ 张凤云

【案情简介】

周某与某公司共同出资设立 A 公司，周某占 20% 的股份，某公司占 80% 的股份。某公司系 A 公司的实际控股股东。A 公司成立后，依法设立了董事会，但未依法设监事会或监事。董事会由周某、李某和张某 3 人组成，其中李某、张某均由虹桥公司指派且虹桥公司同时指定李某为 A 公司董事长兼法定代表人。经查，李某、张某同时又为 B 公司的董事、高管。A 公司成立之初公司经营尚可。但最近两年公司经营业绩大幅度下滑，周某认为李某、张某系 B 公司董事、高管，B 公司实际侵占了 A 公司的商业机会，给 A 公司造成重大经济损失。故周某以 A 公司股东的身份一纸诉状以损害公司利益为由将 B 公司以及李某、张某诉至法院，要求三被告共同赔偿给 A 公司造成的经济损失 8000 万元。

【判决结果】

一审法院经审理认为周某无权提起该诉讼，故裁定驳回周某起诉。

周某不服一审裁定向最高法院提起上诉。

二审法院裁定撤销一审裁定，指定某高院审理此案。

【律师解读】

《公司法》第一百四十九条规定：“董事、监事、高级管理人员执行公司职务时违反法律、行政法规或者公司章程的规定，给公司造成损失的，应当承担赔偿责任。”

《公司法》第一百五十一条规定：“公司股东对董事、监事、高管或他人依法提起损害公司利益责任纠纷诉讼的应当符合该条规定的前置条件。”

本案中A公司为有限责任公司，周某为A公司股东，其具备原告资格。A公司未成立监事会或监事，故周某依法提起股东代表诉讼时应当依法请求公司董事会提起诉讼，只有在董事会拒绝或自收到请求之日起30日内未提起诉讼或情况紧急、不立即提起诉讼将会使公司利益受到难以弥补的损害时，周某才能以自己的名义代表公司提起诉讼，很显然在本案中周某未履行向董事会提出请求，且本案也不属于情况紧急的情形，故从表面上看周某确实未能依法履行股东代表诉讼的前置程序，一审法院驳回起诉貌似有一定的道理。那为什么二审的审理结果却将一审结果完全颠覆了呢？

周某上诉后经过二审法院审理查明：B公司不是A公司股东，属于《公司法》第一百五十一条第三款规定的“他人侵犯公司合法权益”的情形，但因李某、张某系A公司董事会主要成员且同时又兼任B公司的董事、高管。故认定A公司董事会与B公司有直接的利害关系，故要求A公司董事会对B公司提起诉讼的可能性几乎不存在，此时要求周某完成对B公司提起股东代表诉讼的前置程序已无必要，故二审法院认定本案中周某可以豁免股东代表诉讼的诉讼前置程序，有权直接提起本案诉讼，故撤销一审裁定，指定某高院审理此案。

股东提起股东代表诉讼应事先书面请求公司有关机关向人民法院提起诉讼，是股东提起代表诉讼的前置程序。一般情况下，股东没有履行前置程序的，应当驳回起诉。但是，该项前置程序针对的是公司治理的一般情况，即在股东向公司有关机关提出书面申请之时，存在公司有关机关提起诉讼的可能性。如果这种可能性已经荡然无存，没有可能性的，则不应当以原告未履行前置程序为由驳回起诉。本案即属于此种情形，故二审法院撤销一审裁定指定某高院审理。

83. 公司注销，债权人还可以主张债权吗？

□耿　珂

【案情简介】

A 公司与 B 公司间存在长期买卖业务往来。2017 年 1 月 12 日 B 公司向 A 公司出具还款计划书，确认尚欠 A 公司货款 89 万元。

B 公司系于 2010 年 8 月 23 日成立的有限责任公司，股东为秦某、朱某，其中朱某任公司法定代表人。2018 年 11 月 20 日 B 公司召开股东会，并形成决议：同意公司解散及成立清算组，清算组成员由秦某、朱某担任，其中朱某为清算组负责人。2019 年 1 月 30 日秦某、朱某制作了清算报告，报告载明：公司债务已全部清偿，若有未了事宜，股东愿意在法律规定的范围内继续承担责任。当日，秦某、朱某指定相关人员向工商行政管理部门办理了 B 公司注销登记手续。

因 B 公司一直未向 A 公司清偿该笔货款，2019 年 1 月 24 日 A 公司向上海市某人民法院提起诉讼，请求判令 B 公司及时支付 A 公司货款 89 万元。经审理，上海市某人民法院以 B 公司已被注销，其不具备法律主体资格为由，裁定驳回 A 公司的起诉。2019 年 8 月 19 日，A 公司又以 B 公司股东秦某、朱某为被告，向青浦法院起诉请求：（1）秦某、朱某给付 A 公司欠款 89 万元；（2）秦某、朱某给付 A 公司资金占用损失。

【判决结果】

1. 一审判决朱某、秦某于判决生效之日起十日内共同赔偿 A 公司货款本金 89 万元及利息损失。

朱某、秦某不服一审判决上诉至上海市中级人民法院。

2. 二审判决驳回上诉，维持原判。

【律师解读】

本案争议焦点：秦某、朱某作为 B 公司股东是否应在 B 公司注销后对 A 公司的债权损失承担赔偿责任？

公司注销，其法人主体资格丧失，公司注销前存续期间产生的责任均应当在公司清算过程中予以了结，公司股东不必再受原公司债权人的追索。但为了维护交易过程中的安全，保障债权人的利益，《公司法》第一百八十三条及《公司法司法解释二》第十一条、第十九条、第二十条等对申请公司注销登记进行了严格的规定，除非是因合并或分立外，公司在申请注销登记前一定经过法定清算程序。清算程序中的一个环节是由清算组核实债权并进行清偿，清算组应在清算期内告知、公告债权人，由公司的债权人向清算组申报债权，公司只有在完成清算程序后，方可申请注销登记。如公司在注销过程中未依规履行必要的清算义务，由清算组成员担负清算失实的责任，即由清算组成员来担负未履行清算义务的赔偿责任。

结合本案，B 公司与 A 公司存在长期合作关系，又曾向 A 公司出具还款计划书，故 B 公司对 A 公司的债务及履行情况应当知晓，秦某、朱某作为公司清算组成员，在申请公司注销登记前理应将清算事宜及债权申报事宜书面通知全体已知债权人，并根据公司规模和营业地域范围在全国或者公司注册登记地省级有影响的报纸上进行公告，而本案中秦某、朱某并未曾履行该项义务，以致 A 公司未能及时申报其债权，从而造成其债权未清偿的损失。秦某、朱某怠于履行通知义务的行为与 A 公司债权损失之间具有直接的因果关系，因此，法院最终判决秦某、朱某应全额赔偿 A 公司货款本金 89 万元及利息损失。

公司法人制度以其独特的优势——公司股东以其出资为限承担责任、公司以其资产为限对外承担责任，吸引了无数的投资者进行活跃的投资，推进了资本社会化的进程。但公司的独立法人人格和股东、公司的有限责任性在吸引和保护投资者的同时，往往也成为投资者大玩金蝉脱壳、恶意利用公司法人人格逃避责任，损害交易方的武器。为保护债权人及公司的权益，避免因注销公司逃避债务、损害债权人利益，我国现行的法律法规明确了公司注销后债权人的救济途径：

（1）如果系清算组未履行通知义务而导致债权人未及时申报债权而未获清偿的，债权人可以起诉清算组成员，要求其对因此造成的损失承担赔偿责任。

（2）如果有限责任公司的股东、股份有限公司的董事和控股股东，以及公司的实际控制人未经依法清算，而以虚假的清算报告骗取公司登记机关办理法人注销登记的，债权人可起诉要求其对债务承担相应的赔偿责任。

（3）如果公司未经清算即办理注销登记，导致公司无法进行清算，则债权人有权主张有限责任公司的股东、股份有限公司的董事和控股股东，以及公司的实际控制人对债务承担清偿责任。同时，如果股东或者第三人在办理注销登记时承诺对公司债务承担责任的，则债权人有权主张其对公司债务承担相应的民事责任。

84. 延长股东出资期限可以躲避债务吗？

□ 曲衍桥

【案情简介】

再审申请人某元公司与被申请人某研究院及一审第三人某石公司案外人执行异议之诉一案。2014 年 3 月 7 日，某研究院与某石公司签订案涉《技术服务合同书》时，工商登记显示作为某石公司股东的某元公司出资时间截止至 2015 年 7 月 9 日。2014 年 7 月 31 日，某石公司修改章程，将某元公司出资时间延后至 2034 年 12 月 6 日。直至 2016 年 3 月 22 日，某元公司仍未实缴任何出资额。2016 年，北京市仲裁委作出裁决确认某石公司向某研究院支付合同价款及违约金等一百余万元。在某石公司财产尚不足以清偿的情况下，某研究院申请追加股东某元公司作为被执行人。某元公司称其根据修改后的公司章程，认缴出资尚未到履行期限。

【判决结果】

经法院审理认定，股东某元公司应对某研究院承担责任。

【律师解读】

我国《公司法》规定股东出资方式是认缴制，即股东可以通过章程自由约定出资期限。一般情况下，公司作为独立法人，仅以法人名义下的所有财产承担责任，作为法人企业的股东在不存在欺诈和滥用法人有限责任的情况下仅以自己的出资额为限承担责任，只需要依据章程的规定按期缴纳注册资本。这有利于降低经营成本，鼓励投资兴业。

但由于权利义务的对等性，股东在享受出资期限利益的同时，显然也需要承担相应的义务，即股东至少要保证公司不沦为其转嫁经营风险的工具，不能危及与公司从事正常交易的债权人的合法权益。因此，在法律制度框架内存在股东出资加速到期的规定，其目的就是公平处理公司对外债务，避免债权人的利益遭受损害。股东出资加速到期是指，在公司出现无法偿还债权人到期债务的情形下，公司债权人可请求股东在认缴出资范围内对公司债务承担补充清偿责任，不受股东出资期限限制。

根据2019年最高人民法院出台的《全国法院民商事审判工作会议纪要》关于股东出资加速到期的规定，债权人以公司不能清偿到期债务为由，请求未届出资期限的股东在未出资范围内对公司不能清偿的债务承担补充赔偿责任的，应符合以下情形之一：（1）公司作为被执行人的案件，人民法院穷尽执行措施无财产可供执行，已具备破产原因，但不申请破产的；（2）在公司债务产生后，公司股东（大）会决议或以其他方式延长股东出资期限的。

本案中某石公司在原章程中规定股东认缴出资的期限到A时间，在公司债务产生后，公司股东会决议延长股东出资期限到B时间，债权人某研究院以公司不能清偿到期债务为由，请求未届B时间，但是已届A时间的股东某元公司对公司不能清偿的债务在其认缴出资的范围内承担补充赔偿责任。该情况符合《九民纪要》中关于股东出资加速到期的规定，所以债权人可以申请股东某元公司在其已届出资期限的认缴范围内承担相应的责任。

85. 股权转让变更登记后，受让人能否以受让股权出资瑕疵为由拒付转让款？

□ 侯蒙莎

【案情简介】

A公司成立于2009年10月19日，注册资金5000万元，曾某占100%股权。2015年8月31日，某会计师事务所出具审计报告，载明：A公司投资者曾某约定出资额5000万元，实际出资额5000万元。

2015年10月27日，曾某与B公司签订《股权转让协议》，约定：现曾某自愿将其持有的A公司70%股权以3500万元的价格转让给B公司，并约定协议生效后1个工作日内，B公司委托中介机构对A公司进行实地财务尽职调查。若《财务尽职调查报告》显示公司资产负债、内部控制、经营管理等的真实状况与曾某事前所介绍的相差在合理范围以内，本协议继续履行。否则，B公司有权单方面终止本协议。

2015年10月31日，某会计师事务所作出的《财务尽职调查报告》显示，A公司注册资本5000万元，实收资本1601万元。即，曾某仅向A公司实际出资1601万元，欠缴出资3399万元。

B公司向曾某支付了其中1200万元转让款后，2015年12月2日，曾某将持有的A公司70%股权变更登记到B公司名下。

此后，B公司以曾某向A公司出资不实为由，拒付剩余2300万元转让款。曾某遂起诉请求B公司支付股权转让款2300万元及逾期支付违约金。

【判决结果】

一审法院判决驳回曾某的诉讼请求。

曾某向最高人民法院提起上诉。最高人民法院判决撤销一审判决；B公司于本判决生效之日起十日内向曾某支付股权转让款2300万元及逾期支付股权转让款利息。

【律师解读】

本案中，根据案涉《股权转让协议》之约定，在《财务尽职调查报告》作出后，B公司若认定目标公司资产不实、股东瑕疵出资，可通过终止合同来保护自己的权利。但B公司并未实际行使该项合同权利，而是在《财务尽职调查报告》作出后，明知目标公司实收资本与注册资本不符，仍选择继续支付股权转让款，应视为对其合同权利的处分。B公司虽然认为在曾某出资不实的情况下，其有权选择何时终止合同，拒付剩余股权转让款即是其以实际行动终止合同，但鉴于本案目标公司股权已经实际变更，B公司虽然以终止合同提出抗辩，但并不符合法定合同解除条件。

现行《公司法》确立了认缴资本制，股东是否足额履行出资义务不是股东资格取得的前提条件，股权的取得具有相对独立性。股东出资不实或者抽逃资金等瑕疵出资情形不影响股权的设立和享有。本案中，曾某已依约将所持目标公司70%的股权变更登记在B公司名下，履行了股权转让的合同义务，B公司通过股权受让已取得目标公司股东资格，曾某的瑕疵出资并未影响B公司股东权利的行使。此外，股权转让关系与瑕疵出资股东补缴出资义务分属不同法律关系。B公司以股权转让之外的法律关系为由而拒付股权转让价款缺乏法律依据，不应予以支持。

86.《股权转让协议》违反公司章程，有效吗？

□ 张其元

【案情简介】

北京某饭庄有限公司（以下简称“某饭庄”）系通过企业改制登记注册成立，法定代表人徐某。公司有徐某、杨某、吕某等16名股东。徐某以一次性付款优惠30%的优惠条件出资358 900元购买净资产价值512 615.56元，占公司总股份比39.5%。2000年2月1日，某饭庄召开第一届第一次股东大会，会议决议选举董事会成员徐某、吕某、杨某3人。同日某饭庄16名股东签署公司章程，该章程第六章第十条第二款规定，董事长、董事在任职期间不得转让股权。

2000年11月18日，徐某与杨某签订《股权转让协议》，约定徐某将其在某饭庄所持有的股份转让给杨某，杨某同意受让该股份。后杨某将股权转让款给付给徐某，徐某将其购买某饭庄原始股权发票交给杨某。

2000年11月19日，某饭庄召开第二届第一次股东大会，形成“全体股东一致同意修改后的章程”决议。2000年12月11日，公司变更公司章程，在新章程中删去了“董事长、董事在任职期间不得转让股权”的相关规定。

后徐某以杨某不具备受让股权资格及股权转让款项来源不合法为由，向一审法院起诉，请求依法判决徐某与杨某签订的《股权转让协议》无效。

【判决结果】

1. 一审法院判决驳回徐某全部诉讼请求。

2. 一审宣判后，徐某提出上诉。二审法院裁定驳回上诉，维持原判。

【律师解读】

本案的焦点如下：(1) 公司原章程中关于董事任期内不得转让股权的规定，是否影响《股权转让协议》的效力；(2) 股权转让款的来源问题是否影响《股权转让协议》效力。

一、公司章程非强制性法律规范，《股权转让协议》不因违反公司章程而当然无效

有限责任公司的股权转让，是公司股东依照法定条件和程序，部分或全部移转给其他股东或股东以外投资者的行为。股权转让协议违反公司章程是否会影响协议的效力，需要从公司章程的定性上进行分析。公司章程是公司股东或发起人通过共同意思表示形成的公司宪章，是以维护公司利益为核心的内部规定，作为公司内部的一种自治约定，并不等同于法律、行政法规的强制性规定。本案中，某饭庄原章程明确规定了“董事长、董事在任职期间不得转让股权”，上述规定限制了董事长、董事在任职期间内的转让股权行为，但非效力性强制规定。

此外，某饭庄在2000年12月11日变更了公司章程，删去了“董事长、董事在任职期间不得转让股权”的相关规定，表明公司已经以章程修改的形式认可了身为董事长或董事的股东在任期内转让股权的事实。因

此，杨某自某饭庄设立时即为该公司股东并持有股权，其持有并受让股权未违反法律、行政法规的强制性规定，具备受让股权的资格。

《公司法》第七十一条第一款规定：“有限责任公司的股东之间可以相互转让其全部或者部分股权。”因此，我国《公司法》对股东之间股权转让原则上是没有限制的，股东之间可以自由转让股权。此外，《合同法》第八条第一款（《民法典》第一百一十九条）规定：“依法成立的合同，对当事人具有法律约束力。”涉案《股权转让协议》系双方真实意思表示，且不违反法律及行政法规的强制性规定，合法有效，双方均应自觉履行。当事人应当按照约定履行自己的义务，不得擅自变更或者解除合同。因此，股东身为董事长或董事在任期内转让股权，并未违反法律、行政法规的强制性规定，即使违反公司章程的规定，也并不当然认定无效。

二、股权转让款项的来源涉及刑事问题，并不影响《股权转让协议》的效力

股权转让是转让方与受让方双方当事人之间的民事法律行为。股权转让的完成包括股权转让合意和股权变更登记物权变动的完成。双方签订股权转让协议并交付股权后，即发生股权转让效力。股权转让协议效力为债权行为成立生效的问题，而股权转让款的给付和股权变更登记为债权的履行问题。因此，股权转让款项的给付属于股权转让协议的履行内容，不涉及效力问题。

本案中，杨某已经将股权转让款给付给徐某，涉案《股权转让协议》已经履行完毕，至于款项来源是否合法并不影响股权转让协议的效力。如果杨某给付的股权转让款来源不合法，应依法承担刑事责任，与涉案《股权转让协议》的有效与否无关。

因此，公司章程属于公司内部的一种自治约定，不属于法律规范。实务中，股东的股权转让行为在未违反法律、行政法规强制性规定，且不损害公司利益的情况下，违反公司章程并不影响股权转让协议的效力，不构成《合同法》第五十二条规定的合同无效的情形。

87. 以签订股权转让协议方式为借贷担保是否有效?

□ 侯蒙莎

【案情简介】

2013—2014 年期间，一审原告 A 公司以其下属子公司员工刘某（一审第三人）之名义同一审被告 B 公司及其下属子公司签订了多份《借款合同》《抹账协议》《协议书》《补充协议书》，相应借款均由 A 公司及其关联公司转至 B 公司及其下属子公司账户；2014 年 6 月 20 日，B 公司同刘某签订《协议书》，约定：B 公司由于无力偿还借款，同意将其持有的 B1 公司 64% 股权转让给刘某，签订该协议的目的是以股权转让的形式来保证刘某债权的实现，督促 B 公司按协议约定偿还刘某的借款。当相应借款本息全部还清时，刘某应将受让 B1 公司的股权份额全部转回。在此之前，2014 年 6 月 13 日，B1 公司股东会决议同意 B 公司将其所持有的 B1 公司 64% 股权转让给刘某，其他股东放弃优先购买权。2014 年 6 月 14 日，B 公司与刘某签订《股权转让协议》，B 公司将其持有 B1 公司 64% 股权转让给刘某，并办理了工商变更登记手续。

2015 年 8 月 13 日，B 公司作为甲方与作为乙方的刘某签订《补充协议书》，约定：双方 2014 年 6 月 20 日签订协议，B 公司将持有 B1 公司 64% 股权未按对价原则阶段性转让给刘某，以保证刘某债权的安全和实现。鉴于现阶段甲方尚无力偿付对乙方的债务并回购 B1 公司 64% 的股权，且乙方也没有实质持有 B1 公司股权的意愿，为此，甲、乙双方基于实际考虑，经协商一致，达成补充协议如下：……二、甲乙双方 1 年内引进战略投资商投资 B1 公司时，战略投资商用于购买乙方阶段性持有的 B1 公司股权的价款，首先用于偿还甲方对乙方的借款本息，乙方按还款比例相应减持 64% 股权比例，同时对已偿还借款停止计息。……四、若从补充协议签订之日起，1年内甲方不能全部还清债务，乙方有权对外出售B1公司股权，出售价格以评估价格为基础下浮不超过10%；出售股权比例变现的额度，不得超过未清偿借款本息和。同等条件甲方有优先回购权。

A公司作为甲方与作为乙方的刘某签订《股权代持协议》，约定：甲方自愿委托乙方作为甲方代表，对B公司所欠借款进行清算，并经甲方同意代持B公司持有B1公司64%股份对应股权及利益，乙方为名义持有人并愿意接受甲方的委托代为行使该相关股东权利及权益，甲方为代持股份的实际出资人。

截至2017年11月15日，B公司累计欠款本金10亿余元及相应利息；A公司向法院提起诉讼，请求：（1）B公司偿还借款本息；（2）A公司对刘某所持有的B1公司64%股权折价、拍卖、变卖所得价款有权优先受偿。

庭审过程中，各方当事人均认可案涉债权真正的权利人均为A公司，刘某名下B1公司的股份只是为A公司代持。鉴此，在A公司与B公司之间存在真实的债权债务关系、A公司与刘某之间对于股权代持关系并无争议。

【判决结果】

1. 一审法院判决确认A公司对B公司享有相应债权；驳回A公司的其他诉讼请求。

2. A公司不服，向最高人民法院提起上诉。经过审理，最高人民法院判决撤销一审判决；确认A公司对B公司享有相应债权；A公司对刘某持有的B1公司64%股权折价或者拍卖、变卖所得价款优先受偿。

【律师解读】

一、刘某所持B1公司64%股权的性质及效力

《民法典》第一百四十六条规定，行为人与相对人以虚假的意思表示实施的民事法律行为无效。以虚假的意思表示隐藏的民事法律行为的效力，依照有关法律规定处理。

本案中，《协议书》《补充协议书》约定将 B 公司名下 B1 公司 64% 股权变更至刘某名下并非真正的股权转让，而是将 B1 公司 64% 股权作为对刘某债权实现的非典型担保，即让与担保；从这一角度看，债权人、债务人的真实意思是以向债权人转让 B1 公司股权的形式为债权实现提供担保，“显现的”是转让股权，“隐藏的”是为借款提供担保而非股权转让，均是债权人、债务人的真实意思，该意思表示不存在不真实或不一致的瑕疵，也未违反法律、行政法规的效力性强制性规定，同时并不违反禁止流质流押的法律规定，应当认定上述约定有效。

二、A 公司对刘某持有的 B1 公司 64% 股权折价或者拍卖、变卖所得价款可否优先受偿

最高人民法院《关于进一步加强金融审判工作的若干意见》第三条规定，依法认定新类型担保的法律效力，扩宽中小微企业的融资担保方式。除符合《合同法》第五十二条（《民法典》第五百零八条）规定的合同无效情形外，应当依法认定新类型担保合同有效；符合《物权法》有关担保物权规定的，还应当依法认定其物权效力。

对于前述股权让与担保是否具有物权效力，应以是否已按照物权公示原则进行公示，作为核心判断标准。《公司法》第三十二条第二款规定，公司应当将股东的姓名或者名称向公司登记机关登记；登记事项发生变更的，应当办理变更登记。未经登记或者变更登记的，不得对抗第三人。可见，公司登记机关变更登记为公司股权变更的公示方式。根据《物权法》第二百零八条第一款（《民法典》第四百二十五条）、第二百二十六条第一款（《民法典》第四百四十三条）及第二百二十九条（《民法典》第四百四十六条）规定，在股权质押中，质权人可就已办理出质登记的股权优先受偿。举轻以明重，在已将作为担保财产的股权变更登记到担保权人名下的股权让与担保中，担保权人形式上已经是作为担保标的物的股份的持有者，其就作为担保的股权享有优先受偿的权利，更应受到保护，原则上具有对抗第三人的物权效力。因此，刘某依约享有的担保物权优于一般债权，具有对抗 B 公司其他一般债权人的物权效力，A 公司对刘某持有的 B1 公司 64% 股权折价或者拍卖、变卖所得价款可以优先受偿。

三、《民法典》新规引申

2021年1月1日生效的《民法典》第三百八十八条规定，设立担保物权，应当依照本法和其他法律的规定订立担保合同。担保合同包括抵押合同、质押合同和其他具有担保功能的合同。

与《物权法》第一百七十二条（《民法典》第三百八十八条）相比，本条增加了担保合同外延的表达，明确“担保合同包括抵押合同、质押合同和其他具有担保功能的合同”，将让与担保合同、所有权保留合同等“具有担保功能”的合同涵盖在内，从立法层面将诸如此类的合同关系明确界定为担保合同关系，对于厘清当事人之间的法律关系及进一步判断其合同效力及其相应的物权效力均大有裨益。

第四部分 劳动合同法

88. 员工入职材料造假，企业据此解除劳动合同是否违法?

□ 张其元

【案情简介】

张某于2015年6月8日入职某伦公司担任财务总监，双方签订了3年固定期限的劳动合同，约定试用期为3个月。后某伦公司查明，张某存在学历、工作经历等入职材料造假行为，便以试用期考核不合格为由于2015年7月20日作出并送达了《试用期员工解除劳动关系通知书》。张某认为某伦公司没有明确录用条件、考核标准和方法，其主张的试用期考核不合格没有依据，遂向某市某区劳动人事争议仲裁委员会提出仲裁申请，要求某伦公司支付违法解除劳动合同赔偿金。该委裁决支持了张某的仲裁请求。某伦公司不服裁决结果，认为张某不符合录用条件，于法定期间内向某市某区人民法院提起诉讼。

【判决结果】

某市某区人民法院判决某伦公司无需向张某支付违法解除劳动合同赔偿金。

【律师解读】

一、员工凭虚假材料入职，可否据此认定为不符合录用条件?

劳动者与用人单位订立劳动合同，应当遵循诚信原则，双方均有如实告知对方与工作岗位、劳动合同相关的基本情况的义务。根据《劳动合同法》第三条、第八条的规定，企业有权了解劳动者与劳动合同直接相关的基本情况，如年龄、学历、工作经历等。在实践中，员工提供虚假信息，并不一定属于可以解除劳动合同的情形。此时应当考虑员工提供虚假信息对于录用、履行劳动合同、工作内容等是否存在实质性影响或者不利因素。如果没有实质性影响或不利因素，如员工夸大以前的工作成绩、美化部分简历等，企业据此解除劳动合同通常无法在法律上得到支持，但可以根据企业员工手册、规章制度中的相关规定视为严重违纪。

本案中，虽然某伦公司在招聘录用中未单独明示劳动者要提供真实的个人信息，但根据诚信原则，张某提供虚假学历、工作经历等入职材料对于履行劳动合同存在实质性影响，某伦公司可以据此认定张某不符合录用条件。

二、企业在试用期内发现员工不符合录用条件，可否据此解除劳动合同？

劳动合同的试用期，一般是指在劳动合同期限内，劳动者和用人单位为了相互了解和考察的特定时间。根据《劳动合同法》第二十一条、第三十九条规定，在符合四个法律要件（一是企业存在录用条件；二是有证据证明不符合录用条件；三是企业解除通知书应当在试用期内做出；四是解除通知书要说明理由并在试用期内交由员工签收）的情况下，企业可以在试用期内合法解除劳动合同。

在实践中，企业不能随意设定一个抽象的难以完成的录用条件而滥用试用期之不符合录用条件解除权，但只要符合法律规定的具体明确的录用条件先行存在，企业一般可以在试用期辞退不合适的员工。本案中，张某没有遵循诚信原则提供真实的入职资料，对履行劳动合同带来了不利影响，某伦公司有权依法解除劳动合同，并且无需向张某支付违法解除劳动合同赔偿金。

89. 农民工没签劳务合同，能向工程发包人主张工资吗？

□ 刘会民

【案情简介】

金某公司承建国某公司的某县中央花园项目6#二次结构及粉刷工程。2018年9月10日，金某公司与苏某班组签订劳务分包合同，将该工程转包给苏某，承包方式为包工包料。农民高某经朋友介绍到苏某工地提供劳务，担任工程项目管理人，听从苏某指挥，与金某公司未签订劳务合同，也未从金某公司领取工资，对金某公司的情况不知晓，后高某向苏某辞职。

2019年10月5日，苏某就拖欠高某的劳务报酬出具材料一份，内容为“欠工资86 000元”。后苏某未及时支付，高某遂将国某公司、金某公司和分包人苏某诉至某县人民法院，请求某县人民法院判令三被告共同支付原告工资86 000元。

【判决结果】

1. 某县人民法院判决驳回原告对被告国某公司和金某公司的诉讼请求。

2. 一审宣判后，原告不服提起上诉，某市中级人民法院判决驳回上诉，维持原判。

【律师解读】

本案中，原告与被告国某公司和金某公司的争议焦点为：原告是否是实际施工人身份，能否突破合同相对性原则，在没有直接合同关系的情形下向国某公司和金某公司主张工资支付的权利。

一、法律规定实际施工人可以突破合同相对性原则主张权利

《最高人民法院关于审理建设工程施工合同纠纷案件适用法律问题的

解释》第二十六条规定：“实际施工人以转包人、违法分包人为被告起诉的，人民法院应当依法受理。实际施工人以发包人为被告主张权利的，人民法院应当追加转包人或者违法分包人为本案第三人。发包人只在欠付工程价款范围内对实际施工人承担责任。”从该条规定和立法精神看，为保障农民合法权益和维护社会大局稳定，在欠付劳务分包工程款，进而欠付农民工资的情形下，实际施工人可以突破合同相对性原则，向与没有合同关系的发包人、总承包人提起偿还分包工程劳务费的诉讼。就本案而言，原告若想向被告国某公司和金某公司主张权利，则需要证明自己是实际施工人身份，方能突破合同相对性原则主张权利。

二、实际施工人的定义和认定

根据《最高人民法院关于审理建设工程施工合同纠纷案件适用法律问题的解释的理解和适用》及相关批复等规定，实际施工人是指依照法律规定认定为无效的施工合同中实际完成工程建设的主体，也就是最终实际投入资金、设备和劳力进行工程施工的施工企业、企业分支机构、非法人企业、个人合伙、包工头等民事主体。因此，总承包人将建设工程非法转包、违法分包后，施工义务全部转由实际施工人履行，实际施工人与发包人全面实际履行了发包人与总承包人之间的合同而形成事实上的权利义务关系。换言之，当总承包人对承接的施工项目“撒手不管”的情况下，实际施工人可以直接起诉发包人。

建设工程施工合同中，对实际施工人的身份认定，应当结合合同实际履行情况、施工的实际支配权、其他相关资料等因素综合审查确认。实际施工人应是相对于名义承包人而存在，是因为名义承包人作为承包方没有亲自完成具体施工任务，在违背法律和发包合同规定的情况下将其交给实际施工人完成。实际施工人是施工任务的实际承担者，具体而言，实际施工人包括三个构成要件：（1）实际施工人相对于名义承包人而存在。（2）实际施工人是施工任务的实际承担者。即发包人和承包人双方合同约定的施工内容全部或部分是由实际施工人承担完成。（3）实际施工人承包施工任务违反了相关法律规定或发包合同的约定。

三、非实际施工人的高某不能向工程发包人讨工资

结合本案，首先，从隶属关系看，原告高某是被告苏某招用，负责项目管理，系为完成某项工作任务的临时聘用人员，而实际施工人则不存在任何隶属关系，仅为完成施工任务而彼此协作；其次，从对外履职看，原告在工作期间，均以苏某的名义对外履行事务，而实际施工人则以本人的名义对外施行事务；最后，从合同效力看，原告高某与被告苏某之间的协议属于承包人内部对具体施工的一种责任约定，属于有效合同，而实际施工人与承包人之间合同大多属于无效合同。

综上，原告高某实质是工程项目管理人身份，并不具备实际施工人身份，不能突破合同相对性原则，故无权要求被告国某公司和金某公司直接支付拖欠的工资。

90. 因年终考核不合格，解除劳动合同是否合法？

□高　庆

【案情简介】

徐某是某科技公司程序员，2015 年参加工作。在工作过程中，徐某不断和上级领导顶撞，公司领导也多次提出批评要求其改正。但徐某这两年因自己能力出众，所以依然我行我素。在连续三年的年终考核中，公司领导对王某做出的评价为不合格。2018 年 6 月，公司向徐某发出了辞退通知书，提前一个月解除与徐某的劳动合同。

徐某盛怒之下将公司诉至劳动仲裁委员会，要求公司承担违法解除劳动合同的赔偿金。但公司认为解除劳动合同合理合法，认为徐某不服从公司管理，不能胜任工作。

【仲裁结果】

“仲裁委”裁决用人单位属于违法解除劳动合同，应当支付赔偿金。

【律师解读】

《劳动合同法》第四十条第（二）项规定，劳动者不能胜任工作的，经调岗或培训后仍不能胜任工作的，用人单位可以解除劳动合同。根据该条规定，用人单位只有在证明劳动者存在二次“不胜任工作”的情况下，才能解除劳动合同。

本案的争议焦点为用人单位以劳动者不胜任工作解除劳动合同，需要符合哪些条件？本案中，单位以年终考核不合格为由，提出提前一个月解除劳动合同是否合法？

在该劳动仲裁案件中，公司没有明确王某的岗位职责，仅是大而化之地将其归类为程序员。解除劳动合同的依据是考核不合格，但该考核结论最终是由单位领导决定，因此不具有提前的公示性和客观性。同时，在单位提供的证据中也表明徐某和单位的领导存在冲突，其证据的真实性也存疑。

根据法律规定，以用人单位与劳动者不胜任工作为由解除劳动合同，必须证明该劳动者不能胜任工作。同时还需要证明已经对该名劳动者进行了培训或调岗。该名劳动者经过调岗或培训之后，仍不能胜任工作的，才可以合法解除与该劳动者的劳动合同关系。

在本案中，徐某多次顶撞领导，不遵守单位上下级之间的礼仪。但并无证据表明，公司已经对徐某进行了礼仪方面的培训，也无表明对徐某做出过调岗的证据。公司对上述各个步骤承担举证责任并向“仲裁委”提供的证据材料，均不能表明公司已经尽到了相应的义务，因此认定公司的解除行为具有违法性。

根据《劳动合同法》第四十八条的规定，劳动者有权要求继续履行合同。如劳动者不要求继续履行合同或者劳动合同已经不能继续履行的，劳动者也可以选择要求用人单位支付违法解除劳动合同的赔偿金。

91. 网络主播与文化公司签订《合作协议》，是否构成劳动关系？

□ 张　颖

【案情简介】

原告李某与被告成都某文化传播有限公司在 2018 年 7 月 10 日签订了为期一年的网络直播《合作协议》。协议约定被告文化传播公司给原告提供直播策划、包装等业前培训服务，由原告在其指定的直播平台进行直播，原告直播获得的收入双方按约定比例分成。

后原告以被告违法解除合同及未缴纳社保为由，向法院起诉要求被告向其支付经济补偿金共计 34 168. 9 元。

被告答辩称双方并未签订劳动合同，原告李某并非其公司员工。

【判决结果】

1. 一审法院判决驳回原告诉讼请求。

2. 李某不服上诉，二审法院认为“原告与被告之间不符合劳动关系的法律特征”，判决驳回上诉，维持原判。

【律师解读】

一、《合作协议》是否属于劳动合同？

原、被告签订的《合作协议》，协议约定的目的背景、合作内容、收入及结算均不具有《劳动合同法》第十七条规定的劳动合同必备条款，如工作地点、工作时间、休息休假、社会保险等内容，不应视为双方具有劳动合同。

该《合作协议》应定性为合同关系更为准确，作为原告的网络主播可以依据合同法的相关规定主张自己的合法权利。

二、主播与文化传播公司是否构成事实劳动关系，应从人身依附性和经济收入来看

从人身依附性来讲，原告依据合作协议进行的直播，其直播地点、直播内容、直播时间、直播的时长均不确定，原告的直播行为是基于平等合作关系而发生的，并不属于对被告公司的履职行为。而被告基于该对等关系而对网络主播进行管理也不应视为具有人身隶属关系的规章制度，且网络主播从事的直播活动也并非合作公司的经营范围和业务组成，因此不满足《关于确立劳动关系有关事项的通知》第一条第（二）项中“用人单位依法制定的各项劳动规章制度适用于劳动者，劳动者受用人单位的劳动管理”第（三）项“劳动者提供的劳动是用人单位业务的组成部分”有关确立事实劳动关系成立的相关规定。

基于《合作协议》获得的直播收入并不属于劳动法意义上的具有经济从属性的劳动报酬。网络主播的收入是通过粉丝打赏获得，收入数额具有不稳定性和不可预知性，被告并未参与原告的直播行为且无法掌控原告直播收入的多少，仅是依据其与原告、直播平台之间约定的比例进行收益分配，原告并非从事被告公司有安排的报酬行为，不构成事实劳动关系。

因此，两者不符合劳动关系的法律特征，网络主播基于劳动关系提出的各项诉讼请求不应予以支持。

92. 雇工受伤，没有合同如何救济？

□ 白小雨

【案情简介】

周某从郭某处购得钢结构厂房一处，张某经郭某介绍为周某拆卸厂房，周某提供车辆运输钢结构，郭某不从中收取费用。2018 年 5 月 20 日，在拆卸装车过程中，从车上翻下四五条 H 钢，将张某的腿砸伤。张某随即被送入医院住院，并进行手术治疗，住院 26 天。张某遂起诉周某赔偿损失，法院判决周某承担 80% 的民事赔偿责任，张某自行承担 20% 的民事赔偿责任。周某不服，上诉称法院认定的周某与张某之间存在雇佣关系是错误的，周某从郭某处购买钢结构厂房，钢结构厂房的拆卸、装车是郭某的附随义务，周某与张某从未见过，张某的选任是由郭某做出的，与周某无关，周某不应对张某人身伤害承担赔偿责任。

【判决结果】

驳回上诉，维持原判。

【律师解读】

实践中存在许多没有签订书面合同的雇佣关系。《中华人民共和国侵权责任法》第三十五条（《民法典》第一千一百九十二条）规定，“个人之间形成劳务关系，提供劳务一方因劳务造成他人损害的，由接受劳务一方承担侵权责任。提供劳务一方因劳务自己受到损害的，根据双方各自的过错承担相应的责任。”原则上，书面或口头的雇佣关系都是受法律所保护的，雇佣工人在完成雇主所交付的雇佣工作中受伤，依据雇主和雇佣工人双方过错承担责任。但实践中存在大量雇佣工人受伤后，雇主矢口否认雇佣关系致使雇佣工人维权困难的情况。

本案张某提供了其与周某通话记录、郭某证言、住院病历、派出所调取情况说明、报警记录等证据佐证双方雇佣关系。虽然周某否认其与张某的雇佣关系，并认为选任是由郭某决定的，与其无关，但法院认为郭某将张某介绍给周某并未从中获利，故郭某与张某之间不存在雇佣关系，根据现有证据认定周某与张某间存在雇佣关系。但因张某的受伤存在其没有采取必要的安全防护措施和尽到谨慎注意义务的原因，其自身对损害的发生具有一定过错，故认定雇主周某承担 80% 的民事赔偿责任，张某自己承担 20% 民事赔偿责任。

如受雇工人在完成雇佣工作过程中受伤，与雇主又未签订书面合同，律师建议受伤雇佣工人应在第一时间联系雇主，协商赔偿事宜，并且对相关通话内容录音、搜集证人证言等以证明雇佣关系，如与雇主就赔偿事宜协商不成，结合所做的伤情鉴定报告向法院诉讼维权。

93. 在单位领导组织的活动中受伤，属于工伤吗？

□ 高　庆

【案情简介】

王某为某科技公司职工，2017 年 11 月 1 日，王某在工作时间到该公司所在大厦的活动室参加领导组织的乒乓球活动。在活动过程中，王某摔倒受伤，经医院诊断为左脚踝骨折。

王某向人力资源和社会保障局提起工伤认定申请，人力资源和社会保障局认为王某受到的伤害不符合《工伤保险条例》第十四条认定工伤的情形，不予认定为工伤。王某不服，申请行政复议，行政复议维持了被诉决定。王某亦不服，遂向原审法院提起诉讼，请求依法撤销被诉决定。

【判决结果】

一审法院判决驳回王某的诉讼请求。

二审法院判决驳回上诉，维持原判。

【律师解读】

本案争议的焦点为：领导组织的乒乓球活动是不是工作原因？

《工伤保险条例》第十四条第（一）项规定，在工作时间和工作场所内，因工作原因受到事故伤害的，应当认定工伤。最高人民法院《关于审理工伤保险行政案件若干问题的规定》第四条第（二）项规定，职工参加用人单位组织的活动受到伤害的应认定为工伤。据此，职工所受的事故伤害认定为工伤必须同时具备 3 个条件，即工作时间、工作场所和工作原因。

本案中，王某因与领导打乒乓球受伤。但该活动是不是由单位组织的是认定工作原因的关键所在。王某主张组织乒乓球活动的是某科技公司的公司领导，故应视为公司组织。

但如何判断职工受伤时，所参加的活动是单位组织的？如果一项活动有单位的单位领导参加，是不是就可以认定该活动是单位组织的？

对此，笔者认为，仅凭有单位领导参加活动这一事实并不足以认定该项活动是单位组织的，因为这里不能排除其是在个人意志支配下所实施的个人行为，而非职务行为。如果为领导的个人兴趣爱好，组织几个同事进行活动，则不能认定为单位组织，因为作为自然人有权利组织和安排自己的合法活动，与单位的意思无关。作为单位同事有权选择参加或不参加，并无强迫行为。

判断一项活动是否为单位组织，应当从是否有单位的意思表示方面进行评断。也就是说，这项活动是否通过单位的组织行为表现出来，如单位是否下发关于此项活动的文件、通知、计划，是否进行组织，有无活动的规则，是否提供了必要的支持。

如果单位并无上述意思表示，则不能认定为是单位组织的活动，也不能认定为“工作原因”。

本案中，王某参加的活动既然并无单位的意思表示在内，也就不能认定是单位组织的活动，当然也就不能认定为工作原因的理由。虽然王某是在工作时间、工作场所，但并未出于工作原因而受伤，所以不能认定为工伤。

94. 员工参加公司休闲之旅受伤，属于工伤吗?

□ 白小雨

【案情简介】

原告李某系某云公司职工。2019 年 4 月 22 日，某云公司人力发出通知：为感谢员工辛勤工作，公司决定组织一次赴东方盐湖城休闲之旅，出游日期为 2019 年 5 月 4 日至 5 日，可携带孩子参加。某云公司包括原告在内的部分员工及孩子参加了该活动。2019 年 5 月 4 日下午，原告在行程中参与碰碰球游乐项目时受伤，后经医院于次日诊断为右膝关节扭伤。同年 7 月 29 日，原告向被告苏州某社保局提出工伤认定申请，被告作出不予认定工伤决定。原告不服，诉至法院。

【判决结果】

驳回原告李某诉讼请求。

【律师解读】

生活中很多工伤认定的案例都是在非工作时间发生的，针对公司团建类案件，适用法律依据主要有两条，分别是《工伤保险条例》第十四条第五项“职工因工外出期间，由于工作原因受到伤害或者发生事故下落不明的，应当认定为工伤”；《执行意见二》第四条“职工在参加用人单位组织或者受用人单位指派参加其他单位组织的活动中受到事故伤害的，应当视为工作原因，但参加与工作无关的活动除外”。团建显然是用人单位组织的活动，团建受伤能否认定为工伤的关键在于团建是否构成“与工作有关的活动”。

司法实践中对该认定主要看团建是否属于休闲娱乐性质、是否是单位强制参加的活动、相关费用是否由用人单位承担等因素，进而判断团建活动是否与工作有关，员工因此受伤是否属于工伤。

结合本案，根据旅游通知中明确的活动目的可以证明原告参与的本次活动的性质为旅游观光、休闲娱乐，员工及家属均可参与，且单位对职工是否参与该活动未施加影响，由职工自愿选择参加或休假，故该活动与工作并无关联，不应视为工作原因。此外，原告在参与碰碰球游乐项目中受伤与其工作职责也无关联，并非因工作原因受伤，故不应当认定为工伤。

95. 竞业限制条款超过两年，该协议是否有效？

□ 高晓禾

【案情简介】

A 医疗器械有限公司（以下简称“A 公司”）与王某在 2017 年 3 月 3 日签订了《劳动合同》《竞业禁止及保密协议书》，在《竞业禁止及保密协议书》中载明员工在离职后五年内不以任何方式涉入助听器相关行业，并保守公司商业秘密，否则一次性无条件付给 A 公司 10 万元人民币的赔偿金。劳动合同签订后，王某 2018 年 2 月 9 日任 A 公司某城分公司负责人。2019 年 1 月 31 日，被告王某在原告 A 公司处办理完离职手续。2019 年 6 月，被告王某在某城一家助听器店工作。A 公司认为王某的行为明显违背了《竞业禁止及保密协议书》，应当依据协议约定赔偿十万元。

2019 年 6 月 28 日，A 公司向某区劳动争议仲裁委员会申请劳动仲裁，仲裁请求于 2019 年 9 月 3 日被驳回，因不服仲裁裁决，遂诉至法院。

【判决结果】

1. 被告王某在本判决生效后十日内支付原告 A 公司违约金 4 万元。
2. 驳回原告 A 公司的其他诉讼请求。

【律师解读】

本案的争议焦点有三个：原告A公司与被告王某签订的《竞业禁止及保密协议书》的效力问题；被告王某是否违反了竞业限制；违反竞业限制条款支付违约金的问题。下面依次具体分析。

一、《竞业禁止及保密协议书》是否有效？

根据最高人民法院关于竞业限制的司法解释，对未约定经济补偿金的竞业限制条款未规定为无效条款，而是承认其效力，依据法律规定可对经济补偿金的内容予以补充。由于竞业限制义务一旦拒绝履行则具有不可挽回性，因此不宜支持劳动者以履行抗辩权为由拒绝履行竞业限制义务或免除其违约责任，劳动者可在用人单位三个月未支付经济补偿金的情况下解除竞业限制条款。用人单位在劳动者未提出解除竞业限制条款其违反竞业限制义务的情况下，有权请求劳动者承担违约责任。原告与被告所签订的《竞业禁止及保密协议书》中约定的竞业限制期限为五年，超过了《劳动合同法》所规定的两年期限，故在该协议书中超过竞业限制期限的约定为无效约定。因此，协议中的竞业限制人员在法律规定的离职后两年内竞业限制条款具有法律效力，即协议有效。

二、被告王某是否违反了竞业限制？

被告王某原任A公司某城分公司负责人，于2019年1月31日在A公司处办理完离职手续，即于2019年6月在某城一家助听器店工作，明显违背了原被告所签订协议的竞业限制约定。

三、违反竞业限制条款是否支付违约金？

原被告所签订的《竞业禁止及保密协议书》中载明员工在离职后五年内不以任何方式涉入助听器相关行业，并保守公司商业秘密，否则一次性无条件付给原告A公司10万元人民币的赔偿金。该协议书所约定的竞业限制期限超过了法律所规定的期限，超过的期限无法律效力，并且被告王某在某城助听器店仅系销售人员，故原被告双方约定的赔偿金数额亦明显过高，酌情调整为4万元，并无不当。

96. 用人单位发调函请工伤者配偶进行护理，是否形成劳动关系？

□ 侯蒙莎

【案情简介】

A公司职工贾某（宋某丈夫）自2014年10月12日因工伤复发住院治疗，需要两人进行24小时护理。2015年12月16日，A公司向贾某之妻宋某所在单位B公司发出《关于宋某陪护有关事宜的函》，内容为："贾某，男，现为我公司在职职工，与贵公司宋某系夫妻关系。贾某于2015年12月14日因工伤复发在保定市工伤康复中心住院治疗。根据《工伤保险条例》相关规定，现需贵公司宋某在贾某住院期间对其进行护理。请贵公司予以支持。"2016年1月29日，宋某与其单位B公司签订《解除（终止）劳动合同证明书》，双方解除劳动关系。贾某住院期间，一直由宋某进行护理，A公司自2015年12月14日至2017年6月19日，按照其本单位上一年度职工平均工资一人标准，累计向宋某支付护理费86 525元。

2018年9月14日，贾某向法院提起民事诉讼，请求判令A公司支付拖欠的住院伙食补助费、营养费、交通费、食宿费、住院期间和定残之前的护理费等各项费用共计4 985 034.39元。法院于2018年12月5日判决："原告贾某因工伤造成四级伤残，需要大部分护理依赖，根据其伤情及身体恢复状况，原告主张由王某、宋某两人进行护理，符合案件实际。按照被告已经发放的护理费标准即被告职工每月平均工资数额计算至评残前一日，护理人王某护理费自2014年10月12日至2017年10月23日，为156 423.3元（3853＊12个月＋4456＊12个月＋4611＊12个月＋153.7＊9天）；护理人宋某护理费自2014年10月12日至2017年10月23日为136 429.6元（6142元＊36.3个月－已支取86 525元），以上共计292 852.9元，予以支持。"

2019年1月，宋某作为申请人以A公司为被申请人申请劳动仲裁，仲裁委员会不予受理。2019年1月23日，宋某以A公司为被告向法院提起诉讼称：其于2016年1月29日与B公司解除了劳动合同，专门护理A公司工伤职工贾某，每月工资6142元，由A公司按月发放，与A公司形成了事实劳动关系，而A公司自调用宋某以来，未与其签订书面劳动合同，也未依法给宋某缴纳社会保险费，因此请求：一、依法确认宋某与A公司具有事实劳动关系。二、请求依法裁决A公司支付宋某以下各项费用178 205.21元（截至2019年1月23日）。1. A公司支付宋某2017年10月23日至2019年1月23日拖欠的工资92 130元。2. A公司支付宋某2017年5月至今未签订劳动合同双倍工资中未支付的11个月工资67 562元。3. A公司赔偿宋某2016年2月至2018年12月31日养老保险费用18 513.21元。4. A公司给宋某依法办理各项社会保险手续并缴纳社会保险费。

【判决结果】

一审法院判决驳回宋某的诉讼请求。

宋某不服，提起上诉，二审法院经过审理，认为宋某的上诉理由不能成立，判决驳回上诉，维持原判。

宋某不服，向最高人民法院申请再审。经过审理，最高人民法院认为，宋某申请再审提出的“原审判决认定事实不清、适用法律错误”的理由不能成立，判决驳回宋某的再审申请。

【律师解读】

本单位员工工伤，用人单位向其配偶单位发调函请其配偶进行护理并每月向其配偶支付护理费，两者之间是否形成事实上的劳动关系呢?

根据劳动和保障部《关于确立劳动关系有关事项的通知》第一条规定，用人单位招用劳动者未签订书面劳动合同，但同时具备下列情形的，劳动关系成立：（1）用人单位和劳动者符合法律、法规规定的主体资格；（2）用人单位制定的各项劳动规章制度适用于劳动者，劳动者受用人单位的劳动管理，从事用人单位安排的有报酬的劳动；（3）劳动者提供的劳动是用人单位业务组成部分。

本案中，宋某提交的证明其与A公司之间成立劳动关系的主要证据有两份：一是A公司向B公司出具的《关于宋某陪护有关事宜的函》。二是护理费发放凭证、贾某护理费支付情况汇总表。宋某主张凭证系A公司向其实际支付工资的凭证，但凭证载明该等费用系A公司所支付的护理费。综合来看，宋某与A公司未签订书面劳动合同，《关于宋某陪护有关事宜的函》未体现A公司欲与宋某建立劳动关系的意思表示，护理费发放凭证、贾某护理费支付情况汇总表不能证明A公司向宋某支付了工资，护理工伤职工亦并非A公司的经营范围。因此，宋某提供的证据不能证明其与A公司之间符合《劳动和社会保障部关于确立劳动关系有关事项的通知》第一条规定的成立劳动关系的情形，也即，对于此类本单位员工工伤、用人单位向其配偶单位发调函请其配偶进行护理并每月向其配偶支付护理费的情形，用人单位与工伤员工配偶之间并非事实上的劳动关系。

97. 单位安排待岗并拖欠工资，劳动者如何维权？

□ 白小雨

【案情简介】

王某于2008年7月1日入职甲公司，岗位为设计总监，月薪标准自2019年4月起调整为3 6000元。受新冠肺炎疫情影响，2020年2月21日甲公司为王某送达了待岗通知书，开始安排王某待岗，并每月向王某送达延迟发放工资的通知，王某未予回复，此后直至5月22日王某为待岗状态，甲公司在2020年1月至5月22日期间仅3月向王某发放工资3000元。王某因甲公司拖欠工资于2020年5月22日向甲公司送达了《被迫解除劳动关系通知书》，并向“仲裁委”提起仲裁，要求甲公司支付工资差额及解除劳动关系经济补偿金。

【仲裁结果】

“仲裁委”裁决甲公司支付王某2020年1月1日至5月22日工资差额73266元及解除劳动关系经济补偿金363080元。

【律师解读】

根据《劳动合同法》第三十八条“用人单位有下列情形之一的，劳动者可以解除劳动合同：（二）未及时足额支付劳动报酬的”；第四十六条“有下列情形之一的，用人单位应当向劳动者支付经济补偿：（一）劳动者依照本法第三十八条规定解除劳动合同的”；第四十七条“经济补偿按劳动者在本单位工作的年限，每满一年支付一个月工资的标准向劳动者支付。六个月以上不满一年的，按一年计算；不满六个月的，向劳动者支付半个月工资的经济补偿”。用人单位拖欠劳动者工资的，劳动者可主动向用人单位提出解除劳动合同，且用人单位应当参照劳动者工作年限向劳动者支付经济补偿金。

结合本案，尽管用人单位主张拖欠工资是基于疫情的不可抗力，但依据相关规定，如用人单位因疫情而停产、停工期间，劳动者提供正常劳动的，应支付劳动者不低于当地最低工资标准的工资；如劳动者待岗的，应按照上述款项的70%向劳动者支付工资（如在北京，则是按照北京市最低工资标准每月2200元×70%），但并不能不支付、逾期支付工资。本案中王某工作年限有12年之久，用人单位未足额支付王某5个月的工资，代价不仅是将差额工资补齐，更是要按照12年的工龄向王某支付经济补偿金，得不偿失。

第五部分 行政法

98. 行政机关撤销征收补偿决定，如何认定？

□ 娄 静

【案情简介】

甲公司是位于某市的一家合法经营租赁业务的民营企业，因棚户区改造项目，甲公司位于改造范围内的房屋面临征收。某市人民政府（以下简称“市政府”）对甲公司作出了房屋征收补偿决定（以下简称“补偿决定”），要求甲公司在收到补偿决定之日起十五日内与征收办公室办理房屋补偿安置移交手续，腾空房屋。甲公司认为作出补偿决定前未依法对地上房屋进行评估，因此，对补偿决定不服，委托笔者向法院提起诉讼，诉讼过程中市政府撤销了补偿决定。

【判决结果】

确认市政府作出的补偿决定违法。

【律师解读】

本案属于国有土地上房屋征收与补偿类行政案件，涉及项目为棚户区改造。笔者就本案涉及的法律问题作以下解答分析。

一、我国法律对涉及国有土地上房屋征收的评估公司的选定，是如何规定的？

《国有土地上房屋征收与补偿条例》第二十条规定：“房地产价格评估机构由被征收人协商选定；协商不成的，通过多数决定、随机选定等方式确定。”具体评估办法，详见住建部于2011年颁布的《国有土地上房屋征收评估办法》。本案中，评估公司未经过协商、表决、随机等方式进行选定，因此评估结果不具有合法性。

二、我国国有土地上的房屋征收补偿决定的作出需要哪些程序？

《国有土地上房屋征收与补偿条例》第八条至第十六条对征收程序作出了严格的规定。根据该条例，市政府应向被征收人发布棚户区改造的通知、征收补偿实施方案的征求意见稿，进行调查登记并将调查登记结果进行了公示，对征收片区的社会稳定进行风险评估，对征收补偿实施方案（征求意见稿）进行征求意见的情况、组织听证会，对被征收人的房屋协商选定评估公司进行评估，以及对征收补偿方案修改情况分别进行公示、公告，并在被征项目所在地进行张贴，调查登记等。

三、被征收人认为补偿决定明显不合理，可否要求撤销？

《国有土地上房屋征收与补偿条例》第十九条规定："对被征收房屋价值的补偿，不得低于房屋征收决定公告之日被征收房屋类似房地产的市场价格"。因此，本案中甲公司认为补偿决定已经远低于周边类似房地产市场价格，属于明显不合理，应予以撤销。

四、诉讼中的举证责任如何分配？

《行政诉讼法》第三十四条规定："被告对作出的行政行为负有举证责任，应当提供作出该行政行为的证据和所依据的规范性文件。被告不提供或者无正当理由逾期提供证据，视为没有相应证据。"因本案中，市政府作为被告在法定举证期限内未提供相应证据，应当视为没有证据，应承担举证不能的风险。

99. 商标撤三案件中对证据如何审查？

□ 汤学丽

【案情简介】

AB公司是一家法国广告公司，于2005年通过收购国内本地户外媒体公司的方式进入中国市场。AB公司已经成为国内巴士媒体、地铁媒体的重要市场供应商之一，业务遍及我国16个城市，并于2010年12月14日在第9类“银幕、投影银幕、荧光银幕、电子布告板”等商品上注册有“AB及英文”商标（简称为诉争商标）。

自然人李某认为诉争商标存在连续三年不使用情形，遂委托笔者于2014年6月19日向原国家工商行政管理总局商标局（目前为国家知识产权局商标局）提起“撤三”，官方审查受理后要求AB公司提交2011年6月19日至2014年6月18日期间对诉争商标在上述商品上的使用证据。原商标局做出对诉争商标维持有效的决定，李某不服该决定向原商标评审委员会提起撤销复审，笔者在收到官方转发AB公司提交的证据材料后进行质证，后原商评委经审理认为同意笔者质证意见并做出诉争商标予以撤销的决定。AB公司不服复审决定遂向某知识产权法院提起行政诉讼，法院经审理做出驳回起诉判决，AB公司进而上诉至某市高级人民法院。

【判决结果】

驳回上诉、维持原判的终审判决。

【律师解读】

《商标法》第四条规定：“自然人、法人或者其他组织在生产经营活动中，对其商品或者服务需要取得商标专用权的，应当向商标局申请商标注册。”可见，商标注册后是要用的，只有通过使用才能使商标发挥区分商品或服务来源的作用。

同时《商标法》第四十九条规定：“注册商标成为其核定使用的商品的通用名称或者没有正当理由连续三年不使用的，任何单位或者个人可以向商标局申请撤销该注册商标。”即“撤三”。“撤三”制度的本意是促使商标注册人对注册商标的积极使用，避免商标资源的闲置及浪费。

“撤三”案件即本案的唯一争议焦点就是，诉争商标是否在指定期间内在复审项目上进行真实有效的使用，涉及三要素：时间、商标标志、项目。本案中，AB公司提交证据材料主要为其在国内分公司与案外人签订的广告协议、账单、发票、图片，与其他广告公司签订的租赁协议，与案外公司签订的显示器定制合同、发票等。笔者对其提交的全部证据里，从体现时间、标识、协议及票据所体现的提供商品或服务内容进行全面分析，同时提出无论是从AB公司及其分公司主体经营范围，还是从其提交的协议、发票等体现的项目内容均说明其实际为用户提供的是第35类“广告”服务，而非对诉争商标核定的第9类“银幕”等商品的生产、销售，且大部分证据材料上均未体现诉争商标，显然不能证明诉争商标在复审项目上的使用目的。最终，法院也分别从以上方面同意笔者观点并最终维持对诉争商标予以撤销的认定。

此案从正反两方面提示我们，无论在提出“撤三”而对对方证据质证，还是应对“撤三”提供使用证据，均应严格按照以上三要素进行方能达到预想效果。

100. 撤销原裁定：补偿安置协议属于行政纠纷吗?

□ 甘仕荣

【案情简介】

潘某系某市街道41号建筑面积为340.73㎡房屋的所有权人，该房屋所在面积为708.91㎡国有土地的使用权人。2019年5月14日，某市镇人民政府（以下简称镇政府）与潘某签订《某市某镇棚户区改造房屋征收补偿协议书》，约定镇政府以总金额977586.00的价格征收潘某340.73㎡房屋的所有权和616.15㎡国有土地的使用权。

按照《国有土地上房屋征收与补偿条例》的相关规定，对被征收房屋价值的补偿，不得低于房屋征收决定公告之日被征收房屋类似房地产的市场价格。潘某房屋所在地周边的类似房产的市场价格在每平方米4000元左右，其认为在签订征收补偿协议时存在重大误解，且显失公平。因此潘某于2019年11月10日向某市人民法院提起行政诉讼，要求撤销上述《征收补偿协议书》。

【判决结果】

1. 一审法院裁定驳回起诉。
2. 二审法院经审查撤销原裁定，指令某市人民法院继续审理本案。

【律师解读】

一、本案是不属于民事纠纷，而属于“民告官”的行政诉讼

潘某与镇政府签订的《征收补偿协议书》属于行政协议，一方是行政机关，一方是行政相对人。《最高人民法院关于审理行政协议案件若干问题的规定》第一条规定：“行政机关为了实现行政管理或者公共服务目标，与公民、法人或者其他组织协商订立的具有行政法上权利义务内容的协议，属于行政诉讼法第十二条第一款第十一项规定的行政协议。”第二条第二款规定：“公民、法人或者其他组织就土地、房屋等征收征用补偿协议提起行政诉讼的，人民法院应当依法受理。”

二、本案依据《合同法》中的重大误解和显失公平作为撤销《征收补偿协议书》的理由

《最高人民法院关于审理行政协议案件若干问题的规定》第十四条规定：“原告认为行政协议存在胁迫、欺诈、重大误解、显失公平等情形而请求撤销，人民法院经审理认为符合法律规定可撤销情形的，可以依法判决撤销该协议。”第十八条规定：“当事人依据民事法律规范的规定行使履行抗辩权的，人民法院应予支持。”行政协议也是合同的一种，适用《合同法》的相关规定，只是签订合同主体地位的不同，不属于平等主体之间的合同，而是具有行政法意义上的特殊协议，发生争议，属于行政诉讼的受案范围。

政府在城镇拆迁过程中，应保证被拆迁一方特别是普通老百姓的原有

生活水平不降低，按照征收决定公告之日同地段周边的类似房产的市场价格进行征收。不能与民争利，以远低于市场价格强行进行征收，否则老百姓会以显失公平和重大误解为由要求撤销签订的补偿协议，要求政府重新处理，来维护自身合法权益。律师在这个过程中必须坚定地维护委托人的合法权益。

101. 某自然资源局行政处罚撤销案，是否违反正当程序原则？

□张　璐

【案情简介】

2017年11月21日，某资源局对王某涉嫌非法占地和破坏耕地行为立案调查，并于2018年1月18日作出10号行政处罚决定书。2018年8月27日，某资源局自行撤销了该行政处罚决定，对王某非法占地和破坏耕地行为重新调查，并于2018年12月20日作出164号行政处罚决定书。2019年7月11日，某资源局作出35号行政处罚决定书。上述三份行政处罚决定书内容基本相同，现王某对其收到的35号行政处罚决定不服，原告起诉至法院，请求：依法撤销35号行政处罚决定书。

【判决结果】

撤销被告某资源局作出的35号行政处罚决定。

【律师解读】

一、法院为何认为行政主体作出的行政行为违反正当程序原则

正当程序原则是行政法基本原则。行政主体在作出任一行政行为时，都要遵循正当程序原则，以保证其权利未滥用及相对人基本权利的有效行使。虽然正当程序原则对各种行政行为的具体要求不尽相同，但仍然存在普遍适用的基本判断，即最低限度的程序公正，及一个理性人可以接受的标准，其中最为基本的要求即为听取相对人陈述和申辩，这也是保证行政行为达到实质正义的基本要求。

本案中，被告作出行政处罚决定前，恰恰未满足听取相对人陈述和申辩的基本程序要求，以致该行政行为违反了正当程序原则。

二、法院为何认定行政主体作出的行政行为，程序违法

程序合法是行政行为的合法要件。行政行为的合法要件中，程序合法是重要要件之一，包括行为符合法定方式、步骤、顺序和时限，其中行为步骤、顺序合法是对行政行为合法的纵向要求。所谓行为步骤，是指行政行为应当经过的过程、阶段、手续，行政行为如未遵循法定步骤，即构成程序违法；所谓行为顺序，是指行政行为各步骤的先后顺序，行政主体必须严格遵循，否则亦构成程序违法。如本案行政处罚行为，《中华人民共和国行政处罚法》第三十条、第三十一条、第三十二条、第四十二条对行为的步骤、顺序作出了严格规定，即行政处罚决定作出前，行政主体至少应依次履行立案调查、先行告知、听取相对人意见、听证告知等步骤，以保证最低限度的程序公正。

本案中，被告在对原告作出行政处罚行为前，并未按照上述法律规定的步骤和顺序完成行政行为的前置程序，致使行政行为合法要件缺损。

三、行政主体作出的行政行为应完整履行正当程序

正当程序是对个案完整的程序要求。正当程序要求的目的在于控制行政主体权力及保障相对人权利，因此行政主体在作出任何一个行政行为中，都要完整履行上述法律规定的一套程序。

本案中，行政主体不能以其他行政行为中前置程序的履行，替代本案被诉行政行为的前置程序履行要求，即使各行政行为存在一定的关联。换言之，本案被告之前对原告作出的［2018］10 号、［2018］164 号行政处罚决定，虽然按照法律规定履行了行政处罚决定要求的前置程序，但因该行政处罚决定未向行政相对人进行有效送达，导致行政行为欠缺生效要件，该行政行为即因未生效而不成立，以致行政行为的前置程序不再具有任何行政法意义，当然不能作为本案被诉行政行为，即［2019］35号行政处罚决定的正当程序保障。

综上，本案被诉行政行为的作出未按照《中华人民共和国行政处罚法》的规定履行行为程序，违反了正当程序原则，该行政行为欠缺合法要件。因此，被告作出的本案被诉行政行为违反法定程序，应予撤销。

102. 房屋因政府征收而被拆除，四年后起诉过期吗？

□ 刘会民

【案情简介】

2015年3月，李某的房屋因某县政府征收而被拆除，某县政府对征收补偿方案未依法公布，李某一直未获得补偿。2019年6月3日，李某诉至某县人民法院，请求：确认某县政府没有依法公布征收补偿方案的不作为行为违法，责令某县政府履行法定征收补偿职责。

【判决结果】

某县政府履行法定征收补偿职责。

【律师解读】

未依职权履行法定职责案件应当与普通行政不作为案件加以区分。普通行政不作为案件是基于法律规定和当事人申请，其起诉期限为六个月。而行政机关未依职权履行法定职责是违法的行政不作为处于持续状态，只要不作为状态持续且对相对人有利益损害，相对人就可以起诉。

《行政诉讼法》第四十七条第一款规定：“公民、法人或者其他组织申请行政机关履行保护其人身权、财产权等合法权益的法定职责，行政机关在接到申请之日起两个月内不履行的，公民、法人或者其他组织可以向人民法院提起诉讼。”《行政诉讼法司法解释》第六十六条规定：“公民、法人或者其他组织依照行政诉讼法第四十七条第一款的规定，对行政机关不履行法定职责提起诉讼的，应当在行政机关履行法定职责期限届满之日起六个月内提出。”以上法律规定针对的是普通行政不作为，也就是说，申请行政机关履行法定职责的行政相对人在申请两个月后，行政机关仍未依法作出相应行政行为的，行政相对人应当在六个月内向人民法院提起诉讼。

未依职权履行法定职责的起诉期限问题，表面上是法律对其并未明确规定，但未依职权履行法定职责，实质上就是行政机关未履行其应当作出行政行为的法定职权，严重违法行政的一种状态。故只要行政主体未依法履行行政职权，违法的行政不作为就一直处于持续状态。只要这种违法行政不作为行为对相对人的利益造成损害，相对人就能够向法院起诉要求行政主体履行法定职责，而不受不履行法定职责案件六个月起诉期限的限制。

《国有土地上房屋征收与补偿条例》第十条规定：房屋征收部门拟定征收补偿方案，报市、县级人民政府。市、县级人民政府应当组织有关部门对征收补偿方案进行讨论并予以公布，征求公众意见，征求意见不得少于30日。本案中，县政府却一直未履行法定“公布征收补偿方案”的职责，李某诉请县政府履行法定职责不应受《行政诉讼法司法解释》第六十六条规定的六个月起诉期限的限制。故李某时隔四年后提起诉讼，法院依然支持其诉求。

103. 交通局行政赔偿，“权力滥用”何时说再见？

□高　庆

【案情简介】

原告王某在天津市某区开了一家养猪场，2017 年 7 月 27 日，王某借邻居家的三辆四轮小拖拉机，装载着自己养的 30 头猪到天津某公司所设的收租点去卖猪。在卖猪的路上，恰好碰到天津市某区交通局的工作人员查车。交通局的工作人员以其没有交纳养路费为由，将三辆小拖拉机的车头开走，并当场送达了暂扣车辆凭证。三辆小拖拉机的车厢因失去车头的支持而发生倾斜，造成上面装载的活猪站立不稳而挤压在一起，因天气炎热再加上活猪相互挤压的缘故，三头活猪当场死亡，后在朋友的帮助下转运。运达目的地后，又有 10 头活猪死亡。王某无奈，只能将死亡的 13 头猪以每头 10 元的价格处理掉。王某请求交通局赔偿损失 1 万元，交通费 1500 元，遭到交通局的拒绝。王某提起诉讼要求交通局赔偿。

【判决结果】

某区人民法院判决交通局赔偿王某活猪经济损失 10 500 元，交通费 1500 元。

【律师解读】

所谓滥用职权，从狭义方面来说，就是恣意妄为地行使权力所造成显失公平的结果。从广义上来说，当一个行政决定在法定职权、事实依据、法律依据或者程序要件方面存在违法情形时，包括但不限于具有不适当的目的、不正当的考虑、行为的反复无常或者结果显失公平等情形。

从本案例来说，人民法院认定交通局的行政决定属于滥用职权，是因为交通局的工作人员在执行暂扣车辆的行政处罚时，既没有考虑王某的财产安全问题，也没有考虑王某将活猪运达目的地之后再扣押车辆的请求，上述的决定，不但造成了王某运输活猪的困难，也造成了其经济损失。上述决定既不合理，也不适当，与执法为民的精神并不相符。人民法院在认定是否为构成滥用职权的情形时，不仅要考虑行政决定的合法性，还要考虑行政机关在自由裁量的领域内，是否合理地使用了行政的自由裁量权。明显不合理的行政决定，即构成了滥用职权。

从行政诉讼法的演进的历程来看，2014 年规定司法审查的标准中，不仅保留了“滥用职权”，同时增加了“明显不当”，也就是说在滥用职权的裁量标准不足以或没有充足的证据证明是滥用职权时，观察其是否造成了明显不应该发生或不当的后果，最简单的判断办法就是看行政机关是否违反了法律的目的，恶意地行使了自己的权力，也就逐渐形成了《行政诉讼法》中所规定的，滥用职权应当包括主观恶意，其表现的主要情形有徇私枉法、打击报复、任性专横和反复无常。

尽管法律已经作出了明确的规定，但现实中，行政机关的做法还存在一定混乱。比如具体行为的合法性，它不仅包括事实清楚，适用法律正确，符合法律程序，还应该包括行政机关在自由裁量的领域之内合理地使用行政自由裁量权。但何为“合理使用”？目前尚有“仁者见仁，智者见智”的观点和立场。

总之，不管现实是否有不如意之处，但滥用职权被认定为违法，已经明确适用于行政裁量领域，认为明显不合理的行政裁量权即构成了滥用职权，从一定程度上来说，限定了行政机关恣意妄为的姿态，也符合《行政诉讼法》的立法目的。

104.“政府信息不存在的答复”是否违法？

□高　庆

【案情简介】

原告罗某是兴运2号船的船主，在乌江流域从事航运、采砂等业务。2014年11月17日，罗某因诉某水电开发有限公司财产损害赔偿纠纷案，通过邮政特快专递向行政机关某自治县地方海事处（以下简称“某县地方海事处”）邮寄书面政府信息公开申请书，具体申请的内容为：兴运2号在2008年5月18日、2008年9月30日的2起安全事故及鑫源306号、鑫源308号、高谷6号、荣华号等船舶在2008年至2010年发生的安全事故。

2015年1月23日，某县地方海事处作出（2015）某海处告字第006号《政府信息告知书》，载明：申请公开的海事调查报告等所有事故材料，经查，该政府信息不存在。

原告提起行政诉讼，请求撤销某县地方海事处作出的（2015）某海处告字第006号《政府信息告知书》，并由某县地方海事处向罗某公开海事调查报告等涉及兴运2号船的所有事故材料。另查明，罗某提交了涉及兴运2号船于2008年5月18日在某岸发生整船搁浅事故及于2008年9月30日在某煤炭沟发生沉没事故的评估报告、情况报告等材料。

【判决结果】

确认某自治县地方海事处作出的（2015）某海处告字第006号《政府信息告知书》行政行为违法。

【律师解读】

根据相关规定，在政府信息公开案件中，行政机关以政府信息不存在为由进行答复的，人民法院应当审查行政机关是否已经尽到了充分合理的查找、检索义务。若原告提交了该政府信息是由行政机关制作保存的相关初步证据后，行政机关不能提供相反的证据，证明其已经尽到了合理的查找和检索业务的，人民法院将不予支持行政机关对有关政府信息不存在的主张。

本例案件中，原告提供了初步证据，证明于2008年9月30日某煤炭沟发生了沉船事故，某县地方海事处作为海事管理机构，有对该区域内发生的内河交通事故进行立案调查的职责，但《政府信息告知书》中明确载明该项政府信息不存在，这是单方面的自述，没有相应的证据印证其已经尽到了查询、检索义务，因此其答复是违法的，应当予以撤销。

按照现有的《政府信息公开条例》和《国务院办公厅关于做好政府信息依申请公开工作的意见》，行政机关向申请人提供的政府信息应当是现有的，不需要行政机关汇总、加工和重新制作。

如果申请人要求公开的政府信息不存在，则行政机关显然无法提供，无法公开。根据《最高人民法院关于审理政府信息公开行政案件若干问题的规定》，拒绝向原告提供政府信息的，应当将拒绝的根据以及履行法定告知和说明义务的情况进行举证。对于消极事实举证本身就是一个难题，在司法审判过程之中，将举证的对象发生转换，由待证事实“信息是否存在”变更为“是否尽到了合理的检索义务”，使之更具有可操作性。因为对检索方式的合理性的审查，是可以衡量的，如果申请人未能准确地描述其申请的信息内容时，行政机关应适当地扩大其检索的范围，以保证检索结果的可获得性，从而判断是否尽到了合理的检索义务。

一旦行政机关作出该政府信息不存在的通知后，申请人应当提供初步的证据证明该项政府信息是存在的，以推动诉讼程序的进行，此时行政机关应该提供反证，以证明自己尽到了合理的检索义务。

该项规则转变的目的是为了遏制行政机关频繁以“政府信息不存在”为由，拒绝公开申请。但现实是复杂的，很多申请人无法提供初步的证据，证明该项信息是存在的，使这一问题无解。

105. 某环境保护组织申请政府信息公开，为何胜诉？

□李　韬

【案情简介】

原告某环境保护组织向某市人民法院环保法庭提起环境公益诉讼，起诉某市某乳业股份有限公司超标排放污水，基于该案件的需要，需要调取该公司的相关环保资料，便向某市某县环境保护局提出申请，要求公开该公司的环境影响评价报告、环保设施竣工验收资料、排污许可证、排污费征收等有关环境信息。而该县环境保护局在法定期限内既未向原告公开上述信息，也未对原告的申请给予答复，原告即以其违反了国务院《政府信息公开条例》的相关规定，向人民法院提起行政诉讼，要求判决该县环境保护局对原告的政府信息公开申请予以答复，并向原告公开相关信息。

【判决结果】

被告某县环境保护局于判决生效之日起十日内对原告某环境保护组织的政府信息公开申请进行答复，并按原告的要求向其公开某乳业股份有限公司的相关环境信息。

【律师解读】

该案中被告某县环境保护局辩称：（1）原告确实曾以邮寄的方式提交了政府信息公开申请，但申请表中未附原告机构代码证等主体材料，也未明确需要该乳业公司三个基地中具体哪一家基地的信息，其申请公开的信息内容不明确；（2）原告要求公开信息的形式不具体、不清楚；（3）原告获取信息的方式不明确；（4）原告申请信息公开时未提供相关的检索、复制、邮寄等成本费用。且被告已于收到申请后 3 天内电话告知了原告的联系人宋某，要求原告对申请公开的信息内容进行补充说明，以方便被告履行信息公开的职责。故原告诉被告不履行政府信息公开法定职责没有事实依据和法律依据。

依法获取环境信息是公民、法人和其他组织的一项重要权利，行政机关公开政府信息应当坚持以公开为常态，不公开为例外。2019 年修订后的《政府信息公开条例》更是不再强调申请政府信息公开的申请人需要具有“自身生产、生活、科研等特殊需要”，明确规定“除行政机关主动公开的政府信息外，公民、法人或者其他组织可以向对外以自己名义履行行政管理职能的县级以上人民政府部门申请获取相关政府信息”，即只要政府信息是应当公开的，任何公民、法人或其他组织都有权申请政府信息公开。

《政府信息公开条例》第二十九条规定，公民、法人或者其他组织申请获取政府信息的，应当向行政机关的政府信息公开工作机构提出，并采用包括信件、数据、电文在内的书面形式；采用书面形式确有困难的，申请人可以口头提出，由受理该申请的政府信息公开工作机构代为填写政府信息公开申请。

政府信息公开申请应当包括下列内容：（一）申请人的姓名或者名称、身份证明、联系方式；（二）申请公开的政府信息的名称、文号或者便于行政机关查询的其他特征性描述；（三）申请公开的政府信息的形式要求，包括获取信息的方式、途径。故原告要求公开信息的形式和获取信息的方式于法有据，被告所提意见没有法律依据。

《政府信息公开条例》第三十条规定，政府信息公开申请内容不明确的，行政机关应当给予指导和释明，并自收到申请之日起 7 个工作日内一次性告知申请人作出补正，说明需要补正的事项和合理的补正期限。答复期限自行政机关收到补正的申请之日起计算。申请人无正当理由逾期不补正的，视为放弃申请，行政机关不再处理该政府信息公开申请。

即使被告认为原告没有明确该乳业公司多个基地中的哪家，申请的内容不明确，也应当依法自收到申请之日起 7 个工作日内一次性告知申请人作出补正，说明需要补正的事项和合理的补正期限。而被告县环境保护局并没有依法定流程办理，而是简单地以电话联系，故被告以申请内容不明确不公开信息，不符合规定。

《政府信息公开条例》第四十二条规定，行政机关依申请提供政府信息，不收取费用。但是，申请人申请公开政府信息的数量、频次明显超过合理范围的，行政机关可以收取信息处理费。被告以未提供成本费用抗辩，更是没有任何法律依据。

政府信息公开是现代政府的内在必然要求，是推进依法行政、打造“阳光政府”、提升政府公信力的重要举措，各级政府和其工作部门应本着服务于人民的宗旨，有所担当有所作为。

后 记 AFTER WORD

杏树在春寒料峭中绽放着花蕾，虽然只是一朵两朵，但也预告着春天的到来。春天代表朝气与创新，代表拼搏与奋斗，没有春天的繁花似锦，岂有秋后的累累硕果！

1921年7月1日，由上海兴业路76号石库门到嘉兴南湖的红船，庄严宣告中国共产党的诞生。从这里诞生的“红船精神”成为中国共产党的精神源泉，开启并引领着百年中国号巨轮的伟大航程。2021年是中国共产党建党一百周年，为了向党献礼，在中华民族伟大复兴的道路上增砖添瓦，依据盈科律师事务所制定的工作方案，《“律师说法”案例集（2）》几经修改，即将出版。

“盈科律师一日一法”公众号创刊于2019年7月16日，盈科律师一日一法网站创办于2020年3月5日，到现在刊发案例五百余期。在郝惠珍书记的策划和指导下，在编委会张印富、汤学丽、曲衍桥、康文平的大力支持下，在赵爱梅、刘会民、张鹏、高庆、白小雨、高晓禾、安思霖、李韬等律师的辛苦努力下，“盈科律师一日一法”的案例已被《盈科法律微观》《今日头条》、北京电视台《律师帮帮忙》、搜狐网的众多网络媒体转载。据不完全统计，目前盈科呼和浩特分所、盈科昆明分所、盈科蚌埠分所、盈科海口分所、盈科嘉兴分所、盈科绵阳分所、盈科成都分所、盈科福州分所、盈科太原分所、盈科扬州分所、盈科哈尔滨分所、盈科绍兴分所、盈科江阴分所、盈科泰州分所、盈科鄂尔多斯分所、盈科合肥分所、盈科衢州分所、盈科马鞍山分所、盈科郑州分所、盈科丽水分所、盈科包头分所、盈科乌鲁木齐分所等六十多家分所都有转发。其中，《盈科律师一日一法》审稿人、盈科北京合同法律事务部主任张其元创作的案例《员工人职材料造假，企业据此解除劳动合同是否违法》被杭州市司法局公众号转载，当天点击率超过六万次。曹兴龙律师、庞敬涛律师、袁方臣律师、娄静律师、宋庆珍律师、钟强律师、高庆律师、刘会民律师写的案例在《今日头条》、微博点击率突破十万余次，曲衍桥律师、韩英伟律师、汤学丽律师、张印富律师、张其元律师、刘敏律师、张云鹏律师、白小雨律师、张颖律师的案例多次被《今日头条》、搜狐网、北京市电视台《律师帮帮忙》转载。网络搜索"一日一法"，点击率排在最前的就是我们《盈科律师一日一法》。我们用实际行动宣传了法律知识，宣传了正能量，树立了盈科律师事务所的形象，为法制社会、和谐社会作出了贡献。目前，我们公众号案例每篇点击率都十万甚至在几十万、上百万以上。

目前，投稿作者 76 人，包括北京市盈科律师事务所及盈科郑州分所、盈科天津分所、盈科呼和浩特分所、盈科海口分所、盈科长沙分所、盈科南通分所等。广大律师的积极参与，是该案例集出版印刷的基础和保障。

2020 年 11 月，第一部案例集出版发行，入选的案例是从创刊至 2020 年 4 月 30 日的案例。第二部案例集选择的是从 2020 年 5 月 1 日至 2021 年 1 月 1 日刊发的案例。总共分五个部分，民事 39 篇，刑事 38 篇，公司法 10 篇，劳动法 10 篇，行政法 8 篇，合计 105 篇。

编委会从 2021 年 1 月开始审稿，历经五次审稿。第一次审核案例是否优秀，是否能够录用。第二次审核题目统一采用问话的形式，是否吸引人？内容是否接地气？是否能被广大读者接受？第三次审核案例的案情简介、判决结果、律师解读是否存在法律适用错误？并且与 2021 年 1 月 1 日颁布的《民法典》相衔接，在民事案例里面注《民法典》具体条文。第四次审核文章的逻辑思维及错别字问题。第五次审核案例的意识形态是否存在问题。

文化是律所的血脉，是我们的灵魂，是律师的精神家园。创办律所领先文化，建设领先律所，是我们永恒的追求。

泰山不拒细壤，故能成其高；江河不择细流，故能成其深。

源泉混混，不舍昼夜，盈科而后进，放乎四海。

韩英伟

2021 年 3 月 1 日